Fühlst du?

Bekkaa

Impressum
Fühlst du?

2. Auflage
© 2024 Community Editions GmbH
Weyerstraße 88-90
50676 Köln

Alle Rechte der Verbreitung, auch durch Film, Funk, Fernsehen, fotomechanische Wiedergabe,
Tonträger aller Art, auszugsweisen Nachdruck oder Einspeicherung und Rückgewinnung in
Datenverarbeitungsanlagen aller Art, sind vorbehalten. Vervielfältigungen dieses Werkes für das
Text- und Data-Mining bleiben vorbehalten.
Die Inhalte dieses Buches sind von Autorin und Verlag sorgfältig erwogen und
geprüft, dennoch kann eine Garantie nicht übernommen werden. Eine Haftung von
Autorin und Verlag für Personen-, Sach- und Vermögensschäden ist ausgeschlossen.

Text: Rebekka Czuba
Fotos: S. 160 Nives Berghoff-Flüel
Layout, Design & Satz: Alina Sawallisch
Projektleitung & Redaktion: Johanna Bachmann
Illustrationen:
Alina Sawallisch: Gekritzelte Linie (S. 5, 9, 20, 23, 25, 41, 66/67, 68/69, 90, 91, 102, 103, 104, 105, 120/121, 123, 128, 140/141), Umkreisung (S. 5, 9, 42, 44, 47, 91,, 102, 104, 135, 146), Mond und Sterne (S. 15), Handy (S. 16), Karopapier (S. 11, 22, 160), Sprechblasen (S. 27), Karteikarte (S. 35), Gekritzel (S. 28, 39, 47, 140), Linie unter Monster (S. 45), Wolken (S. 60/61), Cremetube (S. 68), Brille (S. 69), Häuschen (S. 73), Leinwand (S. 79), Kästen (S. 81), Herzen (S. 87), Fernsehturm (S. 103), Regentropfen (S. 120/121), Blume (S. 140/141)
Nives Berghoff-Flüel: Dosenbier mit Blumen (S. 6), Blume unter Gekritzel (S. 7), Aschenbecher (S. 33), Sonnenblume mit Nadel (S. 131), Mädchen mit Augen (S. 138), Mädchen im Wasser (S. 22)
Joana de Barros Azevedo: wachsende Blumen (S. 14), küssende Frauen (S. 57), Personen (S. 12), Frau Blumenkopf (S. 85), Herzchen (S. 132), Mauer (S. 112), fallende Person (S. 143)
Victoria Shen: zwei Gesichter (Cover), Hände (Buchrückseite), nackte Dame (S. 119), drei Augen (S. 153), Streichholz + Linie (S. 116), Papierflieger (S. 117), Arme (S. 118), Herz + Zigarette (S. 83), küssende Personen (S. 71), Person im Zimmer (S. 114)
Judith Beck: Umriss nackte Frau (S. 21), Kerzen (S. 25), Blume (S. 26), Herzen (S. 36), Monster (S. 40–47), Körper (S. 65), Mandarine + Hand (S. 82), Sterne rechts oben (S. 84), nackte Frauen (S. 97/98), Blume (S. 61), Discokugel + Noten (S. 107), Handys (S. 113)
istockphoto.com: LiliGraphie (Umschlag Briefmarken + Stempel), kukurikov (Hände S. 56; Augen S. 18/19; Gesicht S. 28, 49, 51, 53, 55), Kseniia Gorozhina (Umkreisung S. 9, 91, 135); Gekrakel über der Blume S. 7; Kreuze S. 11; fear S. 24; Rand Spiralblock S. 29, 100; Gekrakel unten rechts S. 32; !? S. 62; Pfeil S. 62; chaos S. 63; Umrandung S. 64/65; Herz S. 84; Sterne links mittig S. 84), Vectorig (Gekritzel S. 8, 26, 37, 134; Welle S. 34; Pfeil S. 35, 80/81; Herzen S. 55, 149; Yes! und No! S. 81; Glühbirne S. 109), RapidEye (Zeitungspapier S. 30/31), tortoon (Tape S. 35, 160), Tatiana Vasilyeva (Pfeil S. 105), Svetlana Larshina (Punkte S. 49, 52; Regenbögen S. 51, 110/111; Geschnörkel um Leinwand S. 79; Bogen unten links S. 124; Kreuze S. 125; Formen S. 126/127; Kringel S. 158), Simon Herrmann (Filmstreifen S. 88/89), viktor_vector (Menükarte S. 136/137),
stock.adobe.com: Dariia (Kreise S. 37, 74, 77, 156)
Gesetzt aus der Girly Sunrise Font von jimtypestudio, Rethink Sans Font Family von Hans Thiessen, Ice Cream Script Font von Igor Grovich, After Zero Font von Thomas Aradea, Geist Mono Font Family von Vercel, LT Binary Neue Font Family von LyonsType, Quirky Clarendon Font von Nicholas Peterson, Raygun Typeface von Carl Seal, Nafta Brush Font von Krisjanis Mezulisund, Mermaid Font von Freebies und Wittgenstein Font von Typobold.

Gesamtherstellung: Community Editions GmbH
ISBN 978-3-96096-437-7
Druck: Druk Intro, ul. Świętokrzyska 32, 88-100 Inowrocław, Polen
Printed in Poland
www.community-editions.de

Bektaa

Fühlst du?

In diesem Buch werden Themen zu Esstörung, Panikattacken und psychischen Krankheiten behandelt. Es werden auch Themen besprochen, die als Trigger wirken können. Die Inhalte sind kein Ersatz für die Beratung und Behandlung durch professionell ausgebildete und anerkannte Fachärzt*innen. Wenn es dir nicht gut geht – vor allem über eine längere Zeit –, nimm auf jeden Fall professionelle Hilfe an! Die erste Anlaufstelle dafür ist ärztliches Fachpersonal.

Anlaufstellen
Die Nummer gegen Kummer
• Für Kinder, Jugendliche, junge Erwachsene:
Per Telefon: 116 111, per E-Mail und Chat unter
https://www.nummergegenkummer.de/kinder-und-jugendberatung/online-beratung
• Für Eltern: 0800-111 0 550

Die TelefonSeelsorge
Per Telefon unter 0800-111 0 111, 0800-111 0 222 oder 116 123,
per Mail und Chat unter *https://online.telefonseelsorge.de*

Lokale Anlaufstellen
In einigen Städten gibt es speziell eingerichtete Sorgen- bzw. Krisentelefonnummern oder Beratungsstellen.

Dieses Buch ist fiktional und jegliche Übereinstimmungen mit realen Personen, Ereignissen, Orten und Dialogen sind rein zufällig und unbeabsichtigt. Die Geschichten, die in diesem Buch erzählt werden, sind ein Produkt der Phantasie der Autorin.

Love Genre _____ 7|12|13|15|
18-19|20|22|23|27|35|36|58-59|68-69|70-71|78|88-89|90-91|
104|106-107|108|110-111|120-121|122|123|128|129|132|133|
134-135|140|141|142|144-145|150-152|154|155|156|158-159

mentale Gesundheit _____ 10|11|18-19|
21|34|37|38|39-47|60-61|62-63|66-67|68-69|92-99|109|112|
124-127|128|130|136-137|138|139|150-152|157

Tagebuch _____ 24-26|39-47|48-56|70-71|80-
81|88-89|103|106-107|115-118|124-127|144-145

Erwachsenwerden _____ 8-9|10|14|15|17|20|39-47|
72-73|4-77|80-81|84|85|104|112|138|157

?! Dating 64-65|79|82|83|84|86|87|102
Social Media _____ 16|17|18-19|113

Eltern _____ 28|29|30-31|32|100|101
Queerness _____ 48-56|82|84|110-111

 Freundschaft 146-148|149

Irgendwann war ich verliebt,
              und es war leicht.

Vielleicht war auch das Leben einfach leichter.
Und deshalb kommt mir die Liebe leichter vor.
Vielleicht färbt die Nostalgie die
Erinnerung auch schöner.
Vielleicht wird wirklich alles immer ernster.

Ich will die L e i c h t i g k e i t zurück. *Immer schwerer.*
Fand sie in dir.
Verlor sie mit dir.

Ich suche seither nach Unbeschwertheit,
nach meinem inneren Kind.
Doch ohne dich ist alles noch ernster.
Ich habe das Gefühl, deine Nähe ist
mein Zugang zu mir.
Deine Distanz entreißt mir meine Nähe zu mir.

Ich habe mich verloren,
              als ich dich verloren habe.

WARUM IST ALLES SO ERNST?

Das Alter, in dem Freund*innen in
andere Städte ziehen,
und man sich plötzlich viel weniger schreibt.
Das Alter, in dem man sich zwischen Beziehungen
und Träume jagen entscheiden muss.
Oder jedenfalls denkt, man müsste.

Das Alter, in dem jede Entscheidung
irgendwie so endgültig und
lebensdefinierend scheint,
auch wenn es gar nicht so ist …
Dieses Alter, in dem Eltern auch längst
keine Held*innen mehr, sondern
zerbrechliche Individuen mit Ängsten,
Schwächen und Schmerzen sind.

Schon wieder versuche ich von meinem Platz
zur Gastro des ICEs zu taumeln,
ohne mich hinzulegen.
Ich bin auf dem Weg zu ihm, aber auf der
Suche nach mir selbst.
Man hat mich immer durch meine
Leistungen definiert,
vielleicht ich mich auch selbst.

Jetzt werde ich zum ersten Mal mit der
Frage konfrontiert, welche Leistung mich
auch glücklich macht.
Oder welcher Ort.
Oder welche Person.

SO AUF ERNST.

Warum ist denn das alles so ernst?
Wenn sich so Erwachsenwerden anfühlt, dann
will ich lieber auf dem Rücksitz des Autos
meiner Eltern einschlafen
und dann zuhause ins Bett getragen werden.

LEIS | TUNGS | GE | SELL | SCHAFT
[**Wortart**] Substantiv, feminin

Manchmal ist „das Vernünftigste"
die größte Selbstverletzung.

Tristesse der Extreme

Ich bin überall dabei, aber immer ein bisschen daneben.
Tristesse der Extreme.
Hatte schon immer das Gefühl, zu viel zu sein,
oder das, was ich fühle.
Hat man mir auch oft gesagt.

Mein Bauchgefühl und mein Kopf verstehen sich nicht.
Streiten sich vor Unentschlossenheit,
bis der einzige Ausweg ist, der Situation zu entfliehen.
Denn jeder Gedanke ist so intensiv, dass ich alles verstehe
und gleichzeitig nichts.

Das Leben ist nicht einfach Leben,
sondern entweder geht gar nichts voran
und ich falle in die Traurigkeit und Einsamkeit des Schwebezustands.

Oder ich bin überfordert von Veränderungen.
Fühl zu viel auf einmal, bis ich nicht mehr kann,
und falle dann in die Wolke, die mir den Zugang zur Realität verschleiert.

Leben fühlt sich extrem intensiv oder nach nichts an.
Denkblockade oder tausend Ideen.
Ausgeschlossen oder mitten in tausend Geschehen.
Einsam mit Freund*innen oder Zweisamkeit ist schon zu viel.
Heute lieb' ich dich – morgen kann ich mich nicht mehr erinnern.
Heute bin ich wütend auf dich – morgen steck ich dir 'nen Ring an den Finger.

Ein Gefühl verbrennt alle anderen,
einfach so.
Aber immer ist Feuer.
Niemand kann's sehen,
Niemand kann's mir nehmen.
Ich bin immer ein bisschen daneben,
weil ich bin immer ein bisschen extremer.

Ich weiß es ist bald vorbei

Ich weiß es ist bald vorbei.
Bald bist du weg.
Wie kann ich machen, dass du bleibst?

Komm nochmal zurück,
lass uns noch einmal spielen.
Bitte geh nicht weg.

In meinem Kopf umklammere ich deine Knie
und schreie.
Bitte bleib noch hier,
doch sitz ruhig da und schweige.
Schau dir zu, wie du fliehst,
vor mir,
vor dem, was du liebst.

Will ich, dass du bleibst?
Ein Teil in mir,
der Teil der schweigt,
kennt die Antwort.

Ich kann nicht begreifen,
was uns auseinandertreibt.
Will ich es begreifen?

Nichts kann uns noch heilen,
aber ich kann uns noch heilen.

Jetzt reiß dich mal zusammen.
Für die Liebe muss man kämpfen.
Ich erwarte das von dir.

Doch schau dir
schweigend nach,
als du gehst.

Wir sind nicht abgeschlossen. Man spürt, wenn was vorbei ist, und weiß, wenn's nochmal aufkommt. Ich warte, bis du bereit bist oder bis du wieder auftauchst, und ich bin sicher, du spürst das auch. Wir sind nicht abgeschlossen. Man spürt, wenn was vorbei ist, und weiß, wenn's nochmal aufkommt. Ich warte, bis du bereit bist oder bis du wieder auftauchst. Irgendwas wird noch passieren, und ich bin sicher, du spürst das auch. Wir sind nicht abgeschlossen. Man spürt, wenn was vorbei ist, und weiß, wenn's nochmal aufkommt. Ich warte, bis du bereit bist oder bis du wieder auftauchst.

Ich hab Angst vorm Älterwerden,

davor, dass sich alles weiterhin einfach
immer schwerer anfühlt,
davor, falsche Entscheidungen für meine
Zukunft zu treffen.
Ich habe Angst, dass Menschen
um mich herum sterben,
und vor der eigenen Hilflosigkeit im Alter,
denn ich hab Angst,
vor Einsamkeit.
Angst davor, dass Älterwerden einsam macht.

Ich will im Moment leben, aber
morgen kontrollieren.
Ich will Antworten, aber mir nicht so viele
Fragen stellen,
die mich nur wieder runterziehen,
mir Angst machen.
Ich will nicht so viel Angst haben.

**Ich wünsche, ich wäre noch
ein Kind.**

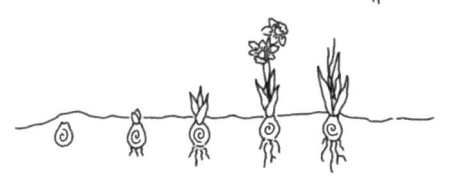

Schlaflied

Suche Schutz bei dir,
zerbreche sonst an dem Druck.
Bei dir ist es endlich still,
endlich friedlich.
Der Pfeifton im Ohr verstummt.
Dein leises Schnarchen
wirkt wie ein beruhigendes Summen,
wiegt mich in den Schlaf.
Wie als ich noch nicht erwachsen war.
Ich finde diese Ruhe nicht in mir selbst,
aber jede*r sagt,
ich muss.

In deinem Arm bin ich ein Kind,
ich muss mich nicht beeilen,
muss nichts leisten,
kann noch nicht mal schreiben,
kann nur lachen und weinen
und Liebe empfinden.

DAS LICHT

Und ich schaue aufs Handy
am Kneipentisch,
das Handy, unter dessen Licht das
Lachen meiner Freund*innen verstummt,
jeder Ort dem nächsten gleicht.
Weil alles erlischt,
was wirklich um mich ist,
weil alles, was ich eben gerade
noch gefühlt habe,
bedeutungslos ist.
Das Licht ist so grell,
es macht mich blind.

Manchmal nutze ich es, um zu fliehen.
Manchmal saugt es mich einfach ein,
gegen meinen Willen.

Bin

ich

auf

dem

Weg

zu

maximalem

Erfolg

oder

zu

maximaler

Selbstzerstörung?

Der Rausch hat mir alles geraubt.

Bin ich berauscht,
scheint alles nicht mehr so ernst,
nicht mehr so schwer
und als ob's jetzt für immer so wär'.
Die Trennung,
und sie dann zu vergessen,
kein Problem.
Denn mir geht's besser denn je.

Und nach dem Rausch,
für den du alles eintauschst,
der alles so schmückt,
als ob du gar nichts anderes brauchst,
kommt das tückische Nichts,
das dir alles wieder nimmt
und alles darüber hinaus.

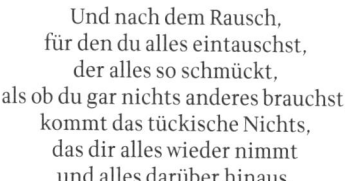

Die Leere nach dem Rausch,
die Leere, wenn alles aufgebraucht ist.
Die Leere, in der du allein zerbrichst,
in der du selbst als Einzige übrig bist,
in der du nur selbst Schuld tragen kannst,
weil es sonst nichts mehr gibt.
Du kannst sie auf niemand anderen schieben,
denn du hast dich täuschen lassen,

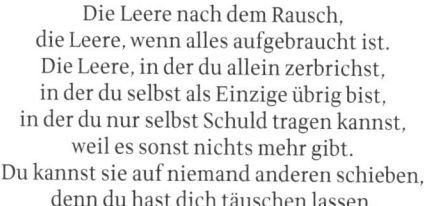

nur du
bist darauf reingefallen,
hast dir alles genommen,
alles zerstört, was dir wichtig war.
Nichts mehr gehört.
Nichts mehr gesehen.
Nichts mehr geglaubt.
Da ist niemand, außer dem Rausch.

Der Rausch verkleidet sich
**als ein neuer Mensch,
als Erfolg,
als Aktivität,
als Droge.**

Du glaubst, alles zu finden,
dabei lässt er dich erblinden,
langsam alles verschwinden,
dabei lässt er dich fliegen,
von oben wirkt alles so klein,
dabei ist es nur weit weg.
Du denkst du hast alles,
dein Blick reicht weit,
dabei bist du allein.

Nach dem Rausch ist alles weg,
niemand da, der dich fängt,
wenn du fällst.

Der Rausch gibt dir das Gefühl, zu gewinnen,

obwohl du dabei bist, alles zu verlieren.

IN JEDER ENTSCHEIDUNG,

die ich treffe, steckt ein Teil von dir.
Was du darüber denkst.
Wie du handeln und
was du priorisieren würdest.
Du bist längst **nicht mehr da,**
aber all deine Worte sind es noch.

Konstantes Heimweh.
Egal, wohin ich geh.
Keine Ahnung, was mir fehlt.
Ich war überall ganz kurz zuhause,
aber wollte nirgends bleiben.
Und wenn ich es wollte,
dann konnte ich es nicht.

Irgendjemand hat mal ein Bewusstsein in eine Hülle gesteckt,

und ich muss jetzt sagen „das bin ich".

Dabei ist es so einsam ganz alleine in meinem Körper.

Und ich muss jetzt diese Beziehung stärken, zu diesem Ich,

ohne zu verstehen, warum es existiert und wer es ist.

11.06.23

Es ist okay,
dass du nicht da bist.
Ich fühl es gar nicht richtig,
dass du weg bist.

Nachtrag: (Jan 24)
Verirrt auf dem Ozean

Die Flut ist stärker als man denkt,
das lernt schon ein kleines Kind.
Geh nicht alleine schwimmen,
nur, wenn dich wer im Blick behält.
Doch ich, mit meinem sturen Kopf,
so sicher, dass ich es alleine schaff.
Ich weiß ja, wo die Küste ist.

Die Flut riss mich direkt mit,
viel zu schnell
war ich viel zu weit
vom Festland entfernt.
Niemand an Land hat es gemerkt.
Es dauert, bis er feststellt, dass ich fehle.
Es dauert, bis er mich suchen kommt.
Solange kämpfe ich da draußen ums Überleben.

Verirrt auf dem Ozean.
Kein Land in Sicht, nicht links nicht rechts.
Wollte testen, wie gut ich schwimmen kann.
Hab mich überschätzt.
Bin jetzt zu weit weg.
Komm nicht mehr zurück.
Weiß nicht mal, wo die Küste ist.

23.06.23   19:47 Uhr

Schuldzuweisung

Immer wenn jemand unzufrieden ist,
denke ich, ich bin schuld.
Du hast gesagt, die Situation nerve dich,
ich habe gehört, es sei mein Fehler.

Wenn ich ehrlich bin, habe ich die Schuld immer nur bei mir gesehen.
Obwohl ich sonst ein echt selbstbewusster Mensch bin und das auch zeige.
Diese Form von Unsicherheit bleibt.
Ich habe schreckliche Angst davor, schuldig zu sein, *fear*
als wäre es das Schlimmste auf der Welt.
Was, wenn du mich weniger liebst, mich verlässt, weil ich Fehler mache.
Oder weil ich mal Fehler gemacht habe.
Der Gedanke, dass du mich auch magst,
wenn ich nicht makellos bin,
wenn ich Fehler mache,
ergibt in meinem Kopf einfach keinen Sinn.
Spuren der Kindheit.
Kleine Fehler, und direkt war für einen Moment all die Liebe weg.
Vielleicht stimmt es, dass ich wirklich oft schuld war
und es noch immer auf die Gegenwart projiziere.
Kann ein Kind überhaupt schuld sein?

Vielleicht muss ich mir selbst auch endlich verzeihen,
alle anderen haben es getan.
Vielleicht bin ich zu streng mit mir.
Vielleicht ist es fehlendes Selbstvertrauen,
und ich glaube selbst nicht daran, Dinge richtig zu machen
oder meine Fehler wirklich nicht nochmal zu wiederholen.
Vielleicht ist das Problem emotionale Abhängigkeit.
Ich weiß, dass mein Wert nicht von der Liebe anderer definiert wird.
Aber ich fühl's nicht.
Und vielleicht sind es diese ganzen „Vielleicht's", die mich überfluten und
dafür sorgen, dass ich den einfachen Weg gehe und sage, ich bin schuld.
Was, wenn der Versuch, meine Probleme mit mir anzugehen,
noch mehr Probleme verursacht?
Was, wenn ich nur versuche, meine Schuld zu legitimieren? *Oder dreh ich mich jetzt im Kreis?*

Vielleicht sollte ich's einfach einsehen.
Wenn Leute, die ich liebe, etwas kritisieren, bezieh ich es auf mich.
Und dann mache ich mir Vorwürfe, dass ich immer alles auf mich beziehe,
und dann mache ich mir Vorwürfe, weil ich so streng mit mir bin.

Vielleicht muss ich öfter hören, dass ich nicht der Fehler bin.
Vor allem in Streitsituationen. Aber jedes Mal, wenn jemand dann geht, stell ich jeglichen Zuspruch wieder in Frage. Und das löst ja nicht das Kernproblem.
Vielleicht muss ich es mir selbst öfter sagen.
Endlich verstehen, dass es auch okay ist, wenn mich Leute verlassen.
(Ich muss sie auch nicht zuerst verlassen, aus Angst, dass sie mich verlassen und mir dann mein Leben lang die SCHULD daran geben.)
Vielleicht muss ich endlich verinnerlichen, dass ich auch mit Fehlern und Imperfektion Liebe verdiene.
Dass ich Frieden mit mir verdiene.
Ich habe Schuld an manchen Dingen, aber nicht an allen!
Das macht mich doch zum Menschen, dass ich nicht fehlerlos bin.

> Ich habe dich verletzt

> Ich hab dich verletzt, wegen meinem Kindheitstrauma und du mich wegen deinem. Aber unseren Eltern können wir nicht die Schuld geben, weil die haben uns ja nur verletzt wegen ihrem Kindheitstrauma und die ihrigen wegen ihrem.
>
> Ich hab dich nicht verletzt, weil ich dich verletzen wollte, sondern weil ich mich nur selbst sabotiere. Weil ich internalisiert habe, dass ich kein Glück verdiene. Also dich nicht. Ich hab dich mit reingezogen, nicht weil ich dich verletzen wollte, sondern weil ich dich liebe. Ich hab dich verletzt, weil ich dich so sehr geliebt habe, dass ich nicht die Kraft hatte, dich gehen zu lassen, auch wenn es dich geschützt hätte.
>
> **Mehr lesen**

Vom falschen Vater

EINE FRAGE, VIER WORTE,
JEDER FRAGT SIE, JEDEN TAG,
ZUR BEGRÜSSUNG,
FAST SCHON OBERFLÄCHLICH,
NIEMAND WILL DIE WAHRE ANTWORT WISSEN,
ABER WENIGSTENS FRAGEN SIE NACH.

`Wie geht es dir?`
`Papa, das hast du mich nie gefragt.`

MACHT DICH DAS ZUM `falschen Vater,`
IST DAS SO EIN VATER-DING?
KANNST DU MIR SACHEN KAUFEN,
ABER KEIN WORT ÜBER DIE LIPPEN BRINGEN?
KEIN WORT AUSSER,

HAST DU DENN AN DIES GEDACHT?
HAST DU AUCH HEUT SCHON DAS GEMACHT?
HAST DU DICH HIER UND DORT GEMELDET?
UND WIE IST DAS MIT DEM GELD, DAS GELDET?
DAS GELD, DAS GELDET GELDLICH GELD.
UND GELDETE, AUCH WENNS MIR NICHT GEFÄLLT.

`Kauf dir doch ein Lächeln, Kind.`
UND MELD DICH DANN, WENNS GELDLICH GLIMPFLICH WIRD.

GEGELDET LEBT SICH'S LEBEN SCHÖN.
WER MUSS DA SCHON SEINEN VATER SEHEN?
WER MUSS DA SCHON MAL HÖREN:

`Wie geht es dir, sag, hast du Sorgen?`

Ich habe immer meinen Familienersatz in

romantischen Beziehungen gesucht.

Seit ich 14 bin.

Jetzt bin ich 20 und

single und fühle mich familienlos.

An meinen Dad.

Nie genug, aber immer zu viel

Du hast nie gesehen, was ich richtig gemacht habe,
deshalb war der Fehler immer ich.
Bis ich wirklich der Fehler war.
Wegen dir glaub ich bis heute, dass ich der Fehler bin.
Alles war falsch an mir.
Alles musste korrigiert werden, jede Emotion.
Jedes Lachen war zu viel,
jedes Weinen sowieso.
Ich habe Angst vor Wut,
denn die einzige, die ich kenne, ist deine.
Ich war nie genug, aber immer zu viel.

Kennst du das, wenn du verliebt bist
und du würdest am liebsten einen Film darüber drehen?
Alles, was du siehst, jedes kleine Detail, festhalten?
Ihre Wimpern, Lachfalten, die kleinen dunkleren
Farbtupfer auf ihrer Iris,

Heute Sonne, morgen

(Auf Zeitungspapier, damit du's auch liest.)

alles, was du erkennst, wenn sie ganz nah an deinem Gesicht ist und dich anstrahlt.
Alles, was du siehst, wenn du nichts anderes siehst?

Ich glaub du kennst das nicht,
weil du liebst nicht. Ich kann es mir jedenfalls nicht vorstellen.
Ich komme nicht einmal auf die Idee, dir zu erzählen, wenn ich verliebt bin.
Wieso sollte ich das tun?
Ich denke nicht, dass es dich interessiert.
Eigentlich komme ich nicht mal auf die Idee, dir irgendwas zu erzählen.
Wieso sollte ich das tun?
Die Angst ist zu groß, dass du mich kritisierst.
Du liest deine Zeitung, und ich bleibe still.
Ich war nie genug, aber immer zu viel.

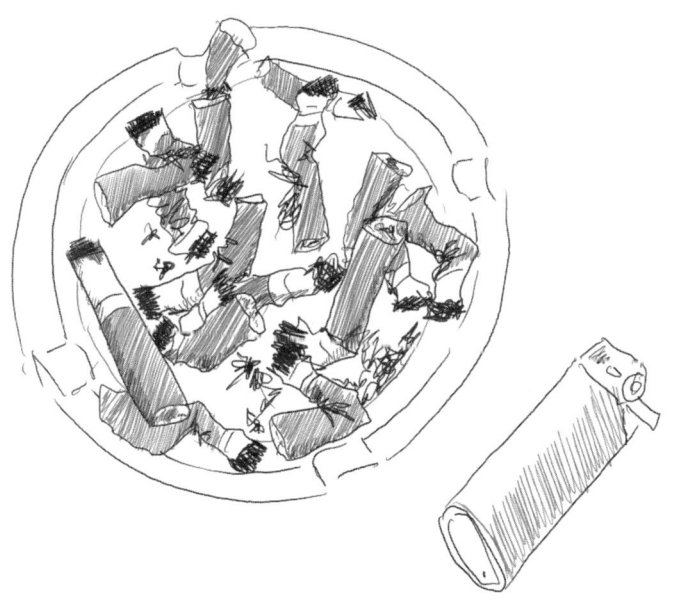

Windstill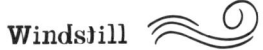

Seit ein paar Tagen
ist mir alles egal,
mir egal wie du fühlst.
Ich fühl nichts.

Seit ein paar Monaten
bin ich mal hier und mal da.
Mir egal, wo ich bin,
mich rührt nichts.

Seit ein paar Jahren
kommt der Schleier und geht.
Seit ein paar Jahren
fühl ich viel zu intensiv,
bis ich wieder im Nebel versink,
in den kein Licht mehr fällt,
in dem keine Emotion mehr existiert.

> Alles ist dunkel.
> Alles ist traurig..
> Aber ist ja egal.
> Ich fühl nichts.

Seit ein paar Tagen ist es windstill.
Aber das ist nicht die Ruhe,
die ich will.
Das ist nicht gemütlich.
Nicht „mal ganz richtig"
oder wichtig.
Seit ein paar Tagen
will ich mich verletzen,
will irgendwas treffen,
irgendeinen Nerv,
irgendeinen Menschen,
der mich so zerstört,
dass ich wieder was fühle.

→ Schlussmachen bedeutet nicht immer, ein Leben ohne die Person zu führen, aber immer, das Risiko in Kauf zu nehmen.

Lösungsvorschlag:

Wir sollten nicht mehr nach der Schuldigen suchen,
sondern ich schiebe jetzt einfach alles auf dich
und du alles auf mich.
Und dann haben wir zwar nicht kommuniziert,
nichts psychologisch analysiert,
nichts legitimiert, es auch nicht versucht,
nicht lang diskutiert,
aber es uns endlich einfach leicht gemacht.

Manchmal macht man es sich schwer,
weil man um jeden Preis aneinander festhalten will,
weil man um jeden Schmerz aneinander festhalten will.

Aber irgendwann ist man erschöpft.
Mir ist eigentlich egal wieso
und wie es sich so verkettet und vernetzt.
Wenn ich es mir einfach mach und sag: Du bist schuld.
Und wenn du es dir einfach machst und sagst: Ich bin schuld.
Dann haben wir endlich eine Lösung,
sei es die richtige oder nicht.
Dann haben wir endlich einen Grund, zu gehen.

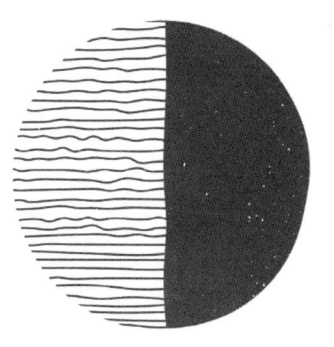

Erst

war alles
zu viel,

jetzt ist alles
Leer.

Eine leere Hülle

Ich höre ihr zu, aber jedes Wort prallt an
mir ab und kommt nicht richtig an.
Er kommt aus dem Nichts
dieser Schleier, der sich über alles legt.
Nichts scheint mehr real,
alles wie in Watte gepackt.
Wenn ich Pech hab, löst das dann
die Angst vor der Angst aus.
Und die Angst vor der **Angst löst dann die**
Angst aus.
Sag ich jetzt was?
Alle um mich herum reden, lachen, tanzen,
sind in Gespräche vertieft,
sind wirklich wach.
Wann bin ich das letzte Mal aufgewacht?
Ist hier niemand anderes in sich selbst
gefangen?
Wenn man in sich selbst versinkt
und doch gleichzeitig neben sich steht,
merkt man, wie allein man ist.
Gedanken ausweichen, aus der
Situation fliehen, aber nicht vor
der Angst.
Ich weiß, was zu tun ist, eigentlich,
aber die Rationalität ist weg und somit
jede Kontrolle,
was bleibt, ist eine leere Hülle.

17.07.23   03:42 Uhr

Der Teenager in meinem Kopf

Eigene Grenzen respektieren, das ist gar nicht so einfach.
Ich wünschte, jemand würde mir sagen, wenn ich meine Belastungsgrenze erreicht habe.
Und ich müsste nicht jedes Mal selber wieder fühlen, wie es ist, wenn man sie überschritten hat.
Manchmal vergess' ich, Pause zu machen.
Und dass irgendwann Schluss ist, wenn ich mich endlos von Arbeit und Leistung zu Liebesdrama, zum Daten, zum Ausgehen, zum Pflegen sozialer Kontakte, zum stundenlangen Serienkonsum hangele.
Anstatt mal einen Moment innezuhalten und all das, was ich ständig schaffe, mal Revue passieren zu lassen und stolz darauf zu sein, mache ich schon das Nächste. So lange, bis es mir wieder schlecht geht. Weil ich rumrenne, bis ich mich selbst nicht mehr kenne. Wieso behandele ich mich selber manchmal so ungerecht? Oder ist das normal und ich überanalysiere alles wieder zu sehr? Vielleicht reflektiere ich mich auch einfach traurig.
Ich will Selbstvertrauen aufbauen. Muss man dafür wissen, wer man ist?
Denn normalerweise vertraue ich auch niemandem, den ich nicht kenne.

Offensichtlich schaffe ich es nicht, v e r n ü n f t i g langfristig zu denken. Die einzigen langfristigen Gedanken, die ich habe, sind naiv und ähneln den Antworten eines vierjährigen Kindes, wenn es in einem Freundebucheintrag beantwortet, was es mal werden will.

- MUSIKERIN
- AUTORIN
- FILMESPRECHERIN
- REGISSEURIN
- POPSTAR

Ein Kind, das noch nichts von psychischen Krankheiten weiß, sie zumindest noch nicht als solche einordnen kann. Ein Kind, das Stress nicht kennt und nicht erahnen kann, dass selbst den Wecker nicht endlos auf Snooze zu drücken, an manchen Tagen seines späteren Lebens, schon die Höchstleistung sein wird. Ein Kind, das so selbstverständlich abhängig von seinen Eltern ist, dass es noch nicht versteht, wie gruselig alleine sein werden kann und dass all diese Träume ohne Menschen, die einen begleiten und lieben, nur Albträume sind. Ein Kind, das sich noch keine Gedanken darüber macht, dass alle sagen:

> „Du musst zuerst dich selbst lieben, bevor
> du andere richtig lieben kannst."

Weil es einfach so liebt, wie es will. Ein Kind, das schreit, wenn ihm etwas fehlt, und es dann bekommt. Ein Kind, das noch nicht wissen muss, dass man Liebeskummer nicht endlos kompensieren kann, weil einen alles, was man verdrängt, irgendwann wieder einholt. Weil es, selbst wenn es schon mal verlassen wurde, von Mama oder Papa, das alles noch nicht aktiv versteht, sondern erst, wenn es im Erwachsenenalter beim Psychologen sitzt und das eigene Kindheitstrauma aufarbeitet, weil es mit dem Älterwerden nicht dazu fähig war, gesunde Beziehungen aufrechtzuerhalten. Ein Kind, das noch nicht selbstständig sein muss. Weil es eben ein Kind ist. Selbstständigkeit ist so unfassbar gruselig. Existenz ist sowieso furchteinflößend, aber wenn alles von dir selbst abhängt, du dir den Sinn des Lebens, selber geben musst, weil du dich an nichts anderem festhalten kannst und selbst nicht nur der Kern, sondern auch der Rahmen deines Lebens bist, dann nochmal mehr.

Ich habe die Naivität eines Kindes, aber die Realitätsklatsche eines Erwachsenen.

Ich bewege mich auf einem ganz schmalen Grat zwischen dem Gefühl völliger Selbstkontrolle und völliger Selbstzerstörung. Je impulsiver etwas ist, desto überzeugter bin ich. Dabei wissen wir doch alle, dass gerade impulsive Überzeugungen besonders schnell bereut werden. Trotzdem hatte ich irgendwie immer Glück damit. Meinen ersten Text im Internet zu posten war impulsiv. Mir die Datingapp runterzuladen, auf der ich damals mit dir gematcht habe, war impulsiv. Beiden Entscheidungen verdanke ich die schönsten Augenblicke meines Lebens (und ein kleines bisschen Angst, ein bisschen ein zerstörtes Selbstbild und ein klein wenig Einsamkeit).

Ist das normal, dass die Dinge, die einen am meisten erfüllen, auch am ehesten dafür sorgen können, dass man zerbricht?

Ich bin zwischen dem Gefühl, alles erreichen zu können und alles in Frage zu stellen. Ich glaube, es sind viel mehr meine Gefühle, die sprunghaft und impulsiv sind, als meine Taten. Aber, wenn meine Gedanken oft genug hin und her gesprungen sind, breche ich aus und mache irgendwas, damit es einfach leise in meinem Kopf ist. Das wirkt von außen dann impulsiv, aber eigentlich ist es nur ein Resultat meiner gedanklichen Überstimulation. Eigentlich ziehe ich nur meine Grenze. Ich glaube, mein Problem ist eher Unentschlossenheit.

Du hast mich immer impulsiv genannt, mir vorgeworfen, ich sei unkontrolliert, disziplinlos. Du hast mich so vieles genannt, bis ich selbst keine Ahnung mehr hatte, was davon ich wirklich bin.

Ich versuche, meine Aufmerksamkeit jetzt mehr auf das zu lenken, was vor mir liegt. Denn unabhängig davon, ob ich weiß, wer ich bin, kann ich ja werden, wer ich sein will.

MANCHMAL WILL MAN DIESE EINE SACHE NOCH MITNEHMEN.
DIESE EINE SACHE, DIE DIR DAS GEFÜHL GIBT, GENUG ZU SEIN.

Erfolg, Job, Meeting, klärendes Gespräch, Ausgehen, Kontakte,
weil man sie sich vorgenommen hat,
weil man sich drauf gefreut hat.
Und manchmal ist diese eine Sache eben eine zu viel.
Und dann bricht alles zusammen.
Wir leben so schnell und wir lieben es.
Unsere eigene Grenze ist eigentlich ein Schutzpanzer, etwas total
Positives und Liebevolles. Aber wir hassen sie, weil wir denken, sie will
uns nur im Weg stehen und engt uns ein.
Sie ist uns weniger wichtig als das Leben, was uns sowieso schon,
mindestens zeitlich, begrenzt und uns trotzdem so schnell mitreißt.
Wir vergessen, Pause zu machen. Selbst jeden Moment der Ruhe nutzen
wir für zusätzliche Stimulation.
Serien, ewig auf TikTok swipen, laute Musik auf dem Weg von der
Arbeit zur nächsten Verabredung.
In Gesprächen mit anderen wissen wir eigentlich ganz genau, was richtig
ist, aber über wie viele Dinge haben wir tausend Mal geredet und dann
nie wirklich was verändert?

> Überstimulation - und wenn dann eine Sache passiert,
> über die du überhaupt keine Kontrolle hast.

wenn jemand geht, jemand stirbt, etwas nicht so funktioniert, Menschen ihr Wort brechen, dann läuft das Fass nicht nur über, sondern ertränkt alles, von dem du meintest, es fest in der Hand zu haben.
Das Problem ist nicht, dass wir vertrauen. Wir müssen vertrauen. Manchmal müssen wir dem Leben vertrauen, manchmal einer Person. Wir müssen, ohne paranoid zu werden und ohne ständig daran zu denken, lernen, trotzdem Platz für das zu lassen, was einfach passieren kann und uns aus dem Leben reißen könnte. Genug Platz bis zu unserer Grenze. Statt immer am Rand zu balancieren. Vielleicht reicht es schon, wenn wir lernen,

unser eigener Fels in der Brandung zu sein, statt unsere Kapazitäten ständig auf der Suche, diesen Fels in anderen zu finden, auszuschöpfen. Das Problem ist, dass wir uns nicht die Zeit nehmen, durchzuatmen. Alleine nichts zu tun.

Das Problem ist, dass wir immer wieder unser eigenes Vertrauen missbrauchen, indem wir uns rücksichtslos an unsere eigene Grenze treiben. Eine gute zwischenmenschliche Beziehung voller Vertrauen ergibt sich unter anderem, wenn man die Grenzen der anderen Person respektiert und nicht ständig versucht, sie zu verschieben. Dasselbe gilt doch auch für die Beziehung mit sich selbst, oder nicht? Und was ist schon ein Fels in der Brandung, wenn das Hochwasser bis aufs Festland reicht?

Eigentlich merke ich es rechtzeitig. Meine Stirn pocht, ich bin mit meinen Gedanken überall, aber komme nirgends an. Es sind zu viele, und alle wollen woandershin. Ich will jedem Gedanken genug Aufmerksamkeit schenken, und gleichzeitig will ich, dass sie einfach leise sind. Sie sind wie kreischende Babys, und ich bin ihre überforderte Mutter.

DAS HIER IST KEIN GUIDE, DER DIR ERKLÄRT, WIE JEMAND LERNT, SEINE GRENZEN ZU RESPEKTIEREN.

Ich habe keine Lösungen für dich. Nur Denkanstöße. Das ist mein Kopf. Der Kopf eines Teenagers, der jedes Mal denkt, er lerne nie dazu, aber eigentlich immer mehr zum Kopf eines Erwachsenen wird und gleichzeitig auch dagegen ankämpft.
Wie oft muss man seine Grenze erreichen? Wie viel Leid ist endlich genug, damit es Grund genug ist, es nicht mehr so weit kommen zu lassen?

Eigene Grenzen respektieren ist nicht einfach.

12.08.23   12:53 Uhr

Zum ersten Mal verliebt...

... war ich im Kindergarten in ein Mädchen.
Ich erinnere mich, wie ein Haufen fünf Jahre
alter Kinder mich im Sandkasten konfrontierten,
um mich zu fragen, ob ich lesbisch sei.
Ich erinnere mich, weil ich richtig Angst
hatte, in dem Moment. Ich hatte wohl als Kind
etwas Negatives mit dem Lesbischsein verbunden.
Die anderen Kinder auch. Liegt das am Welt-
bild der Eltern, oder daran, dass Lesbischsein
„Anderssein" bedeutet? Meine Eltern waren immer
sehr tolerant, aber sie haben mit mir auch nie
darüber geredet, dass Lesbischsein eigentlich
total normal ist. Rückblickend finde ich es
auch überraschend, dass Kinder mit fünf schon
wissen, was Lesbischsein ist. Das finde ich
wiederum eigentlich gut, also, wäre es nicht
negativ konnotiert.
Wie auch heute noch, tendierte ich auch mit
fünf schon dazu, in der ganzen Welt herumzu-
schreien, wenn ich verliebt war. Nur war meine
Welt damals eben noch die Kita. Die Sache mit
Janne, einem Mädchen aus meinem Kindergarten,
war, dass mir nicht wirklich bewusst war, welches Geschlecht sie hatte.

Mir war es auch relativ egal.
Ich fand Janne einfach cool. Sie war mit den
Zwillingen befreundet, und jeder wollte mit den
Zwillingen befreundet sein, einfach weil sie
Zwillinge waren. Und Janne spielte Fußball. Das
fand ich natürlich besonders beeindruckend. Für
mich war damals klar, dass ich niemals selber
Fußball spielen würde, ich sah mich eher als
genießende, stille Beobachterin der Fußball-
spielenden, und so saß ich am Rand des Fußball-
platzes und sah Janne dabei zu, wie sie Tore
schoss. Vermutlich, wenn ich so darüber nach-
denke, konnte Janne mit fünf noch nicht wirklich Fußball spielen, oder jedenfalls nicht
sonderlich gut. Ich hatte mir ja selbst gerade
erst einmal das Beißen abgewöhnt. Aber in meinen Augen schoss Janne Tore wie Ronaldo. Und
auch in meiner Erinnerung hat zumindest meine
Phantasie das Bild so festgehalten.
Tatsächlich bekam ich schon im Kindergarten
meinen ersten Kuss, oder eher meinen ersten
Schmatzer auf den Mund. Janne und ich hatten
eine Wette abgeschlossen. Wenn ich es schaffte,
den Ball über das Klettergerüst zu schießen,
dann würde sie mich küssen. Und auf einmal
wurde ich zu Ronaldo.

Mit der Einschulung wurde ich „hetero". Ich
begann zu realisieren, dass ich es als „Tomboy"
mit meinen blauen Jeans und den Spiderman-So-
cken nicht gerade einfach hatte, als Mädchen
Freundschaften zu schließen. Die anderen spielten mit Barbiepuppen und Polly Pockets und ich
mit Spielzeugautos.
Jungs fanden die Mädchen eklig und „Mädchensa-
chen" komisch. Ich bin mir sicher, dass mir das
Bedürfnis, dazuzugehören, den Anfangsimpuls
gegeben hat, mich anzupassen. Aber ich war
tatsächlich recht schnell nicht mehr unzufrieden in meiner neuen Rolle, mit meinen neuen
rosa Kleidchen und dem Meerjungfrauen-Schulran-
zen. Ich kann mit Sicherheit sagen, dass es mir
wirklich gefallen hat. Und dann, als ich in der
zweiten Klasse in Simon verliebt war, war ich
eben hetero. Von da an verschwendete ich keinen
Gedanken mehr an Mädchen, nicht bewusst. Der
Kindergarten lag mental sehr schnell sehr weit
zurück, sodass ich mich nicht einmal mehr
richtig an Janne erinnerte. Überhaupt war
alles, was im Kindergarten gewesen war, jetzt
Tabuthema, weil wer über den Kindergarten
sprach, wollte ein Kind sein, und cool war es,
so wenig kindlich wie möglich zu sein. Simon

meinte einmal zu mir, ich sei kindisch, und da ich in ihn verliebt war, war das für mich ab dem Moment das Schlimmste, was ich hätte sein können.

Irgendwann am Ende der Grundschulzeit, mit dem Beginn einer frühen Pubertät und den ersten Achselhaaren, als bei mir die ersten sexuellen Phantasien von mir und meiner besten Grundschulfreundin aufkamen, hatte ich diese nie bewertet, weil ich inzwischen mit Sicherheit wusste, dass ich mich auch in Jungen verlieben konnte. Das war für mich Antwort genug, und darüber hinaus reflektierte ich mit zehn noch nicht. Für mich war ich hetero, weil etwas anderes gar nicht in Frage kam.

In der weiterführenden Schule war ich eigentlich von Anfang an absolut queer, aber auch ohne es zu verstehen.

Solange ich Jungs gut fand, war alles andere irrelevant. Vielleicht auch, weil ich es recht einfach hatte, von den Jungs auch gemocht zu werden, und früh anfing, männliche Bestätigung zu sammeln.

Erst mit siebzehn habe ich rückblickend erkannt, dass ich in meine erste Freundin auf dem Gymnasium verliebt gewesen war, und festgestellt, dass die Tatsache, dass in meinen sexuellen Gedanken ausschließlich Frauen vorkamen, tatsächlich eine Bedeutung haben könnte.
Eher hatte ich mich vorher mit dem Thema Polyamorie befasst, weil ich immer wieder das Gefühl hatte, in mehrere Jungs (und rückblickend offensichtlich auch in Mädchen, das war mir aber damals nicht klar) gleichzeitig verliebt gewesen zu sein.
Das ist bis heute Thema. Auch in der Beziehung zu dir dachte ich ein, zwei Mal, mich in jemand anderen verliebt zu haben, und überlegte, ob ich vielleicht einfach nicht für Monogamie gemacht bin. Jedoch hätte es auch sein können, dass ich einfach nur „Bestätigung sammeln" wollte oder dass mir mein Kopf einen Streich spielt, weil er unterbewusst davon ausgeht, dass ich keine sichere Liebe verdiene. Vielleicht ist es auch einfach normal, andere gut zu finden, und es kommt nur darauf an, dass man dem nicht nachgeht.

Das, was die meisten in meinem Umfeld her-
kömmlich als Daddy Issues bezeichneten, nämlich
den Drang, diese Bestätigung durch einen
einzigen, meist ein gutes Stück älteren Partner
zu bekommen, hatte ich nie.
Ich wollte einfach viel.

Aber war das wirklich das Problem? Denn als ich
nach unserer Trennung mit zwanzig das erste Mal
eine Frau kennengelernt habe, war es anders.
Da war diese Begeisterung für sie.
Meinem Unterbewusstsein ging es zum ersten Mal
nicht darum, wie ich gesehen werde, sondern ich
wollte sie sehen und alles über sie wissen.
In dem Moment durfte ich zum ersten Mal auch
romantisch eine tiefere Verbindung zu einer Frau
aufbauen und bemerkte sofort, dass ich das kann.
Ich liebe es, in Frauen verliebt zu sein. Ich
liebe mich, wenn ich eine Frau date. Dafür, wie
ich mit ihr umgehen will. Ich will ihr alles
geben, alles schenken, sie auf Händen tragen, ja
wirklich. Es war, als hätte ich auf einmal diese
Begeisterung gefunden, von der du immer gesagt
hattest, ich würde sie nicht empfinden können.

Oder war es nur der Kontrast zu deiner enormen
Begeisterung für alles, der mich begeisterungslos aussehen gelassen hat? War ich jetzt
vielleicht nicht einmal begeisterter von allem
und es wirkte nur so, weil sie ihre Begeisterung, ähnlich wie ich, nicht so intensiv
ausdrückte?

**Als ich sie datete, habe ich meine Liebe zu dir
sogar komplett hinterfragt.**

Du bist die Sicherheit in Person, die Vernunft
und die Begeisterung in Person.
Und ja, du hast mir gezeigt, was Liebe ist.
Nicht unbedingt, weil ich, sondern, weil du es
gefühlt hast.
Mich hat noch nie jemand so geliebt wie du.
Du hast mich zum Reflektieren gebracht, und
dazu, in Therapie zu gehen und mich mit meinen
Kindheitstraumata auseinanderzusetzen. Nicht
zuletzt aber, weil ich auch von dir ständig das
Gefühl vermittelt bekam, dass irgendwas nicht
mit mir stimmte. Wie könne man sich nur so unsicher sein, welches Geschlecht und wie viele
Menschen man lieben kann?

Du hast dem Gedanken zugestimmt, dass ich mich selbst sabotiere, wenn ich Aufmerksamkeit durch Männer suche.
Und diese Erkenntnis habe ich immer auf alle Männer bezogen.
Auf alle – außer auf dich.
Was, wenn ich nicht ehrlich zu dir war, ohne es selbst zu wissen.
Vielleicht war ich auch mit dir nur zusammen, um Bestätigung zu bekommen, und habe es bloß nie verstanden, denn darin bist du eben überdurchschnittlich gut. Weil du so begeistert bist, von allem, vor allem von mir.

Wenn ich ganz ehrlich bin, kann ich bis heute nicht richtig ausschließen, ob meine Liebe zu dir überhaupt so romantisch ist, wie sie zu einer Frau sein kann. Ich weiß aber, dass ich dich trotzdem mehr liebe als jede Frau und jeden Mann und alles andere, was überhaupt existiert.
Der Gedanke, dich endgültig zu verlieren, tut so sehr weh,
dass er sich physisch an meinem ganzen Körper bemerkbar macht,

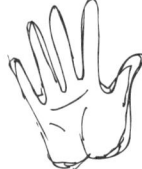 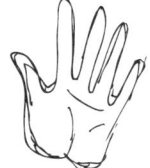

so sehr, dass er mich komplett ausknockt.
Das habe ich bei niemandem sonst. Niemals.
Nicht annähernd.

> Ich weiß, dass ich so
> viele Dinge nicht verstehe,
> nicht einordnen kann,
> egal wie oft ich es versuche.
> Es gibt zu viele Möglichkeiten,
> wie sie passen könnten.

Ich weiß, dass sich von all diesen Dingen, die ich nicht verstehe,
zu viel negativ auf dich ausgewirkt hat,
weil ich dich immer in all die offenen Fragen mit reingezogen habe.
Ich wollte, dass du mir dabei hilfst, sie zu lösen.
Dabei hat dich das Chaos genauso verwirrt wie mich und dazu noch verletzt.

sondern mit Sicherheit auch familiär und
auch ein bisschen romantisch.
Dass von jeder Form immer ein bisschen
da ist,
verwirrt mich auch manchmal.

Bei der Frage, wie ich sie liebe.
Bei der Frage, wie ich ihn liebe.

Ich habe ihn grenzenlos geliebt.
Wie muss ich jemanden denn lieben, um mit
ihm eine Partnerschaft zu führen?
Wie viel Prozent Romantik reicht? Und was,
wenn es schwankt?
Was, wenn mir die Person die Wichtigste auf
der Welt ist und sie zu verlieren der größte
Schmerz, aber genau das passieren würde,
sobald ich den Status der Person auf „nicht
mehr romantisch genug" reduziere?
Warum reicht manchmal nicht einmal

grenzenlose Liebe?

Grenzenlose Liebe

Meine Liebe zu Menschen verläuft nicht in festen Grenzen.

Grenzenlose Liebe bedeutet für mich,
dass ich über die Grenze
einer Liebesform hinaus liebe.
Ich liebe dich nicht nur romantisch.
Da ist auch familiäre Liebe,
da ist auch freundschaftliche Liebe.
Jeder Mensch, der mir sehr wichtig ist,
ist irgendwie anders in diesem
Spektrum vertreten.
Deshalb fühlt sich Liebe auch von Person zu
Person unterschiedlich an.
Wie soll man komplett unterschiedliche und
je unfassbar facettenreiche Menschen,
eingegrenzt in feste Kategorien, lieben?
Kein Mensch passt in eine Schublade.
Deshalb tun es die Gefühle für die Personen
genauso wenig.
Ich liebe meine beste Freundin nicht nur
freundschaftlich,

Zwei Murmeln
unterm Schleier

Ich war im Sommer ganz allein,
obwohl da tausend Leute waren, um mich herum.
Ich hab trotzdem nicht geweint,
weil alles, was ich gefühlt habe, mir so weit weg vorkam.
Draußen war es warm und schön,
das zeigen mir die tausend Videos, die ich gemacht hab.
Aber in dem Moment kam mir das alles nicht echt vor.
Alles war schon wieder weg, bevor es bei mir angekommen war.
In mir drin war alles kalt.

Ich kam mir so falsch vor, auf dieser Welt,
als wär mein Körper nicht mein Körper
und meine Worte nicht meine Worte
und meine Augen nur zwei Murmeln unterm Schleier.

Was ist real? Ich wusste nichts.
Und dann war da ihre Hand, die meine hielt,
doch ich spürte sie nicht.
Meine war vor Angst verschwitzt,
doch sie hielt sie trotzdem weiter,
doch sie hielt mich trotzdem weiter.

Ich konnt es erst nicht greifen,
aber ihr Gesicht,
die Sonnenblumen auf dem Tisch,
sind das Einzige aus dieser Zeit,
das meine Erinnerung nicht verwischt.
Und das heißt,
es war echt.

❈ Ich will mich so schnell wie möglich neu verlieben,
weil ich Angst habe, dass du es zuerst tust.

Herbst 2023

❈
Ich hab angefangen zu schreiben, um dann zu lesen, dass ich fühle.
Ich hab angefangen zu filmen, um dann zu sehen, dass ich lebe.

"FALL IN LOVE WITH THE PROCESS"

Ich erzähle über meine Sorgen, und sie sagt "Everything happens for a Reason" und "Fall in Love with the Process".

OH DANKE, DEN TIPP HAB ICH GEBRAUCHT

Mein Gott, mach doch nicht immer alles, was Menschen teilen,
mit einfachen Sprüchen über das Leben so unbedeutend klein.
Ich erwarte nicht, dass immer alles gut ist.
Mir ist bewusst, dass Glücklichsein kein konstanter Zustand ist.
Mir ist bewusst, dass kein Weiterkommen linear verläuft.
Mir ist bewusst, dass mich alles weiterbringt, auch wenn es sich manchmal nicht so anfühlt.
~~Mir ist bewusst,~~

MIR IST BEWUSST. !?
MIR IST BEWUSST

 CHAOS

E EINFACH DAS LEBEN MIT DER RICHTIGEN
INSTELLUNG SEIN KANN

> The whole point is, that I don't feel alive.
> [Und da bringt auch dein tief meditatives Zen-Gefasel nichts.]
> Stop saying: yeah, bla, bla, "Fall in Love with the Process"
> and "Everything happens for a Reason" and stuff,
> when I am just fucking depressed or have random panic attacks in the subway or feel like I'm not real and think I'm gonna die any second, while just casually walking on the streets, while no one actually notices my brain being fucked up.

STOP SAYING THESE THINGS.

i AM DELUSIONAL

I DON'T SEE THE DAMN REASON

I CAN'T FALL IN LOVE WITH THE PROCESS

NOT EVEN MY OWN BREATH FEELS LIKE MINE

Überkompensieren

Wahrscheinlich haben meine Freund*innen recht,
und es ist das Dümmste, was ich gerade
machen kann,
hier zu liegen und mich ein kleines bisschen
in sie zu verlieben.
Auf dem Bettlaken, auf dem vor ein paar
Wochen noch du lagst,
du, der von Tag zu Tag fremder wird.
Es tut schon weh, daran zu denken,
an alles, was wir durchgemacht haben,
aber vor allem auch an die schönen Tage,
denn das ist das, was fehlt.

**TUT SCHON WEH,
WENN ICH ALLEINE BIN,
ABER ICH BIN NICHT ALLEINE,**

und deshalb ist der ganze Schmerz genauso
weit weg wie du.
Lass mich kurz vergessen, dass es morgen
früh wieder wehtut,
und kurz vergessen, dass sie morgen früh
wieder gehen muss.
Wenn man eine Trennung mit jemand Neuem
kompensiert,
dann verliebt man sich zu wenig, um zu
bleiben,

aber zu viel, um es einfach sein zu lassen.
Irgendwie macht es mich auch wütend
weil ich mir vorstellen könnte zu bleiben,
müsste ich mir nicht noch die Zeit nehmen,
um zu heilen.
Und was, wenn ich einfach nicht so traurig bin,
wie man von mir erwartet?
Aber irgendwie sitze ich dann doch heulend
an meinem Klavier
und kann kaum noch atmen.
Vielleicht heile ich ja auch ein Stück
durch sie.
Vielleicht geht am Ende jeder ein Stück
verletzter raus.
Es ist zu schön, um mich zum Alleinsein
zu zwingen,
aber vermutlich macht genau das das
Kompensieren aus.

Ein Wunsch

Ich will dir Blumen bringen
und dir stundenlang zuhören,
wie du von deinem Leben und deinen
Gedanken erzählst.
Aber mein Kopf fühlt sich an,
als hätte jemand ihn mit
Stecknadeln abgesteckt.
Er kribbelt und pikst, und ich
kann nicht mehr klar denken.
Kann nicht mehr zuhören,
ich streng mich nochmal an - aber
es geht nicht.
Derselbe Gedankengang kreist darin
und hat keine Fluchtmöglichkeit.

Ich will deine Hand halten.
Aber meine Hand bitzelt, schwitzt,
fühlt sich fremd an.
Ich will deine Hand halten,
ich,
nicht nur mein Körper.

für zwei

Und wenn ich dann was fühle,
ist es Frustration.
Darüber, dass ich mich verliebe,
es einfach nur genießen will.
Aber das schönste Gefühl auf der Welt
steht im Schatten meiner Angst,
und noch mehr wünsche ich mir
einfach wieder ganz zu sein,
da zu sein
und nicht ganz allein,
in den verlorenen Tiefen meines Seins.

Ein Wunsch für zwei.

Warum liegen „gesund Abstand nehmen"
und „wegrennen" so nah beieinander?

Weisheiten einer Reise

Vor sich wegrennen und auf sich zurennen kann von außen betrachtet gleich aussehen, aber wenn du für dich, auf dich zurennst, ist das egal, weil es dann nicht wichtig ist, wie dich andere wahrnehmen.

Wenn die Zeit verfliegt, fliegen wir dann mit? Weil, ich will ihr nicht einfach nachschauen und traurig winken.

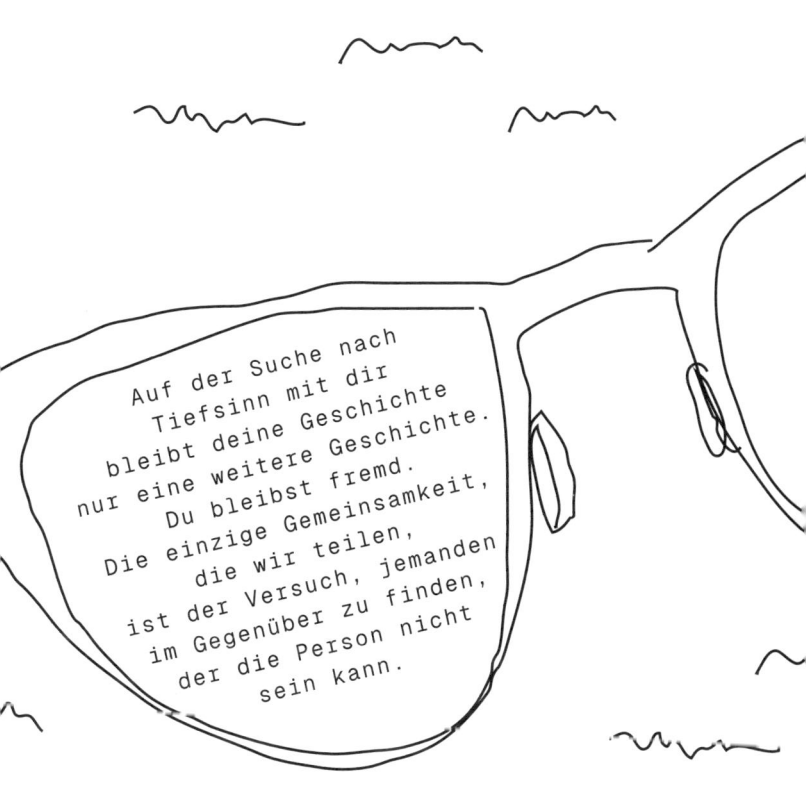

Auf der Suche nach
Tiefsinn mit dir
bleibt deine Geschichte
nur eine weitere Geschichte.
Du bleibst fremd.
Die einzige Gemeinsamkeit,
die wir teilen,
ist der Versuch, jemanden
im Gegenüber zu finden,
der die Person nicht
sein kann.

Wie oft musste ich nur über mein verletztes
Ego hinwegkommen
und nicht wirklich über den Verlust einer Person?
Je fremder jemand ist,
desto größer ist die Rolle des Egos.
Je verletzlicher man sich zeigt,
je ehrlicher,

desto kleiner wird sie.

03.10.23 \ 12:41 Uhr

Ich hab letztens gelogen, als ich meinte, dass ich dich nicht mehr vermisse.
Niemand sieht die Welt wie du.
Du begeisterst dich für so vieles,
du liebst so stark, antwortest mir mit diesem perfekten Gleichgewicht aus Rationalität und Gefühl.
Du hast diese Willensstärke, die kaum einer hat, denn du hast diesen unfassbar großen Respekt vor dir selbst,
den kaum einer hat.
Nur wegen mir hast du manchmal Selbstachtung verloren, und es tut mir leid, dass ich dich in diese Position gebracht habe.
Es tut weh, dass wir beide anscheinend nur ein Learning füreinander waren.
Du lernst jemanden lesen, jeden Gesichtsausdruck verstehen, du lernst, wie es sich anfühlt, wenn du über diesen Jemand plötzlich nur noch in der Vergangenheitsform sprichst.
Dieser Jemand wird niemals niemand sein.
Und doch lernst du auch, wie es sich anfühlt, sich das erste Mal wieder in einen anderen Jemand zu verlieben.
Da ist kein - komm sicher heim - von dir mehr.
Kein - wir sehen uns morgen.
Jeder außer dir ist fremd.
Nicht wirklich, aber im Vergleich zu dir schon.
In deinen Armen brauchte ich keine Kontrolle, ich hätte meinen Traum weg-

schmeißen können und ein ganz neues Leben beginnen, und du wärst dabei gewesen.
Wenn mich alles erschlägt, hättest du mich wieder zusammengesetzt.
Das sind jetzt alles Dinge, die ich selber können muss.
Und genau da fängt es an.
Ich weiß immer noch nicht genug über die Liebe.
Vor allem nicht über die zu mir selbst.

Suche: neue Perspektive

Manche Tage fühlen sich an wie verschwendet.
Wie ein stundenlanges WG-Casting,
was dann doch nicht gepasst hat.
Wie stundenlang gearbeitet, aber irgendwie nichts geschafft zu haben,
mit einem Kopf, der überall ist, außer da, wo er sein soll,
und einer Stirn, die pocht,
weil der Druck, den man sich selber macht,
noch mehr Stress verursacht.

Wann waren diese Tage wirklich ausschlaggebend für dein Leben?
Und was daran hat dich wirklich unglücklich gemacht;
dass du nichts geschafft hast,
oder wie du mit dir selbst deshalb umgegangen bist?
Was, wenn alles eigentlich eine Frage der Perspektive ist?
Was, wenn ein Korb bedeutet,
vor einer unpassenden Person geschützt worden zu sein?
Was, wenn Streit Versöhnung bedeutet,
wenn auch nur die mit dir selbst?

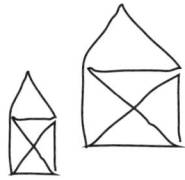

Was, wenn sich einsam fühlen eigentlich eine Aufforderung ist,
noch mehr Zeit alleine zu verbringen?
Der Gedanke, dass jeder Mensch nur für eine Zeit
eine Begleitung deines Lebens ist, macht Angst.
Aber es kann auch eine Motivation sein, herauszufinden, wer du alleine bist.
Und vielleicht macht diese Tatsache ja auch einiges leichter,
weil alles Schmerzvolle auch begrenzt ist,
weil „Ankommen" vielleicht kein endgültiges Ziel ist,
sondern ein Zustand,
der von Ort zu Ort
und von Mensch zu Mensch
eine neue Bedeutung finden kann.
Was, wenn Unzufriedenheit einfach bedeutet, dass es bessere Tage gibt?
Was, wenn manche Tage sich zwar verschwendet anfühlen,
obwohl sie die Grundlage für wohltuende Veränderungen sind.
Wenn man davon ausgeht, dass alles im Leben aufeinander aufbaut,
dann beruhen doch auch all deine guten Tage,
auf denen, die sich wie verschwendet angefühlt haben.

Von Ziel zu Ziel und Sommer zu Sommer

Früher waren Sommer irgendwie leichter.
Noch einmal als Kind, im Familienurlaub,
im Swimmingpool in wenigen Minuten eine
neue Freundschaft schließen.
Noch einmal den ganzen freien Tag draußen
verbringen, ohne an das zu denken, was auf
diesen Tag folgt.
Noch einmal mit sechzehn den ganzen Tag
lang auf der Parkwiese liegen, meine
engsten Freund*innen um mich herum,
zwischen uns Erdbeeren und vegane Gummi-
bärchen, außerdem vereinzelt Schulzeug,

ein geknickter Collegeblock mit Kaffee-
flecken darauf, Filter, Papes und was man
sonst noch so zum Drehen braucht.
Noch einmal wirklich nicht an morgen
denken.

Ich liebe das Denken, aber manchmal würde
ich es auch gerne einfach abstellen.
Vielleicht fühlt sich der Sommer auch nur
nicht mehr so leicht an, weil man, je älter
man wird, immer mehr denkt. Alles zerdenkt.
Vielleicht sind es die Verpflichtungen –
oder eher das von einem selbst ausgehende
Verpflichtungsgefühl, Verantwortung zu
übernehmen, für das eigene Leben. Vielleicht
ist es der leise und unterschwellige Druck,
der dafür aber immer da ist, ein routinier-
tes und gefestigtes Leben zu führen und
einen Plan zu haben. Vor allem aber die
Erwartung, dem Leben einen Sinn geben zu
müssen. Vorher war alles, was um meine
Freizeit herum passiert ist, von selbst
getaktet und vorgegeben. Der Vorteil,
Schülerin zu sein. Alles, was nach der
Schule war, war auch erst danach wichtig.
Jetzt muss ich mir meinen Alltag selber
gestalten und ordnen und darüber hinaus
gerade als junge Selbstständige erstmal
lernen, wie man Feierabend macht und wann
Schluss ist.

Dieser Sommer war ein Von-Ziel-zu-Ziel-Rennen, mit dem Gefühl, nie anzukommen. Weil man, wenn man da ist, schon ans nächste denkt.
Dieser Sommer war teilweise so aufregend und teilweise so leer und teilweise auch nur enttäuschend, weil man ihn ständig mit denen von früher vergleicht. Mit einem Lebensgefühl, was mir so weit weg vorkommt.

Damals war alles so schwerelos. Oder? Vielleicht klammert mein Gedächtnis, wenn ich an vergangene Sommer denke, Momente, in denen es mir nicht gut ging, auch aus. Ich weiß eigentlich, dass ich damals nicht immer glücklich war. Aber wenn ich zurückblicke, kommt es mir trotzdem so vor. Vielleicht, weil alle Probleme, die damals eine Rolle spielten, heute so irrelevant sind, dass ich nicht mehr an sie denke. Vielleicht betrachtet man seine Vergangenheit durch die Augen der Gegenwart, und die Erinnerungen werden davon beeinflusst. Vielleicht verändern sich Erinnerungen. Schon gruselig.
Dann sind da auch noch die Erwartungen, die sich bereits im Winter ansammeln. Man lebt für den Sommer – auf ihn hin. Dann fühlt man ihn nicht richtig, und alles beginnt von vorn.

Genau wie das Erreichen von Zielen. Man
lebt auf sie hin. Erreicht sie, aber
fühlt es nicht richtig, und alles beginnt
von vorn.
Von Ziel zu Ziel und Sommer zu Sommer.
Wie lange kann man das so durchziehen,
bis auf einmal unkontrolliert der Winter
einbricht?
Oder sogar eine Eiszeit?
Ich will so gerne wieder den Moment genießen.
So gerne wieder spüren, was „Der Weg ist
das Ziel" bedeutet, ohne mir aktiv Gedanken
darüber zu machen.

DIE WAHRHEIT IST, DU FEHLST

●

Du hast mal gesagt, wenn wir uns trennen,
dann würden wir befreundet bleiben.
Vielleicht können wir ja mal spazieren gehen?
Ich mach das jetzt oft, beim Versuch zu verstehen,
wer ich ohne dich bin.

Können wir nicht einfach vergessen,
dass wir uns immer wieder verletzen?
Mein Gewissen küsst jetzt fremde Lippen.
In der Hoffnung, dass ich es nochmal besser –
und so alles wieder gut machen kann.

Aber so funktioniert das nicht.
Vielleicht funktioniert ja „Freunde sein".
Vielleicht rede ich mir das ein.
Und die Wahrheit ist, du fehlst,
aber dir geht's besser ohne mich.

06.07.23 13:05 Uhr

Ich habe seit einem Jahr mein Abi.
Seitdem fragt man mich ständig:
„Was machst du jetzt?"
und „Was willst du erreichen?".
Ich würde gerne sagen, alles dreht sich,

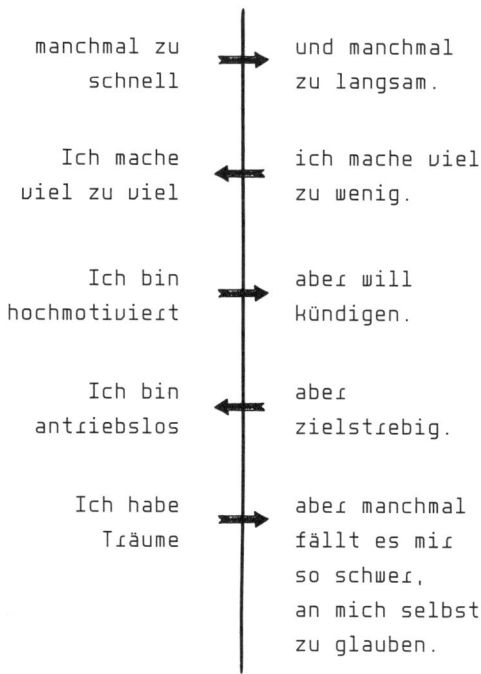

manchmal zu schnell und manchmal zu langsam.

Ich mache viel zu viel ich mache viel zu wenig.

Ich bin hochmotiviert aber will kündigen.

Ich bin antriebslos aber zielstrebig.

Ich habe Träume aber manchmal fällt es mir so schwer, an mich selbst zu glauben.

Und manchmal denkt man, man will irgendwohin,
und biegt dann doch kurz vorher ab.
Ich habe Träume.
Wer hat entschieden, dass Träume wichtig,
aber Illusionen wahnsinnig sind?
Manchmal rede ich mir ein, mein Traum wäre
schon Realität, weil der Gedanke mich antreibt.
Manchmal will ich einfach aufwachen.
Ich denke, ich kann den Erwartungen von außen
nicht gerecht werden,
und merke dann, ich mach mir den Stress doch selbst.

Vielleicht werf ich nochmal alles hin und vielleicht auch nicht.

Ich werde ankommen.
Irgendwo.
Da, wo ich glücklich bin.
Oder?
Muss man ankommen?

WEIßES HEMD / RASENDES HERZ
Oktober 23, 11:47 ICE nach Köln

Es könnt jetzt einfach sein
und wir wären Freundinnen.
Aber deine Haut ist noch so weich,
und deine Lippen schmecken noch nach Minze.
Dein Nagellack ist noch dunkelblau,
die Lachfalten um deine Augen sind noch da.
Wie kann man so süß grinsen?
Wie du die Haut auf deiner Nase dann zusammenziehst,
dass sich kleine Fältchen bilden.
Und deine Mascara ist immer an der gleichen Stelle verschmiert.
Es könnt jetzt einfach sein.
Ich mach's mir lieber schwer.
Du im weißen Hemd,
ich im rasenden Herz.
„Gehen wir ins Bordrestaurant?"
„Ja."
Ich zieh dich in die erste Toilette auf dem Weg,
du ziehst mich an dich ran
und drückst mich an die Wand.
Eine Hand an meinem Hals.
Die andere in der Hose.
Es könnt jetzt einfach sein
und wir wären Freundinnen,
aber ich hab lieber Sex mit dir.

Kann man sich neu verlieben,

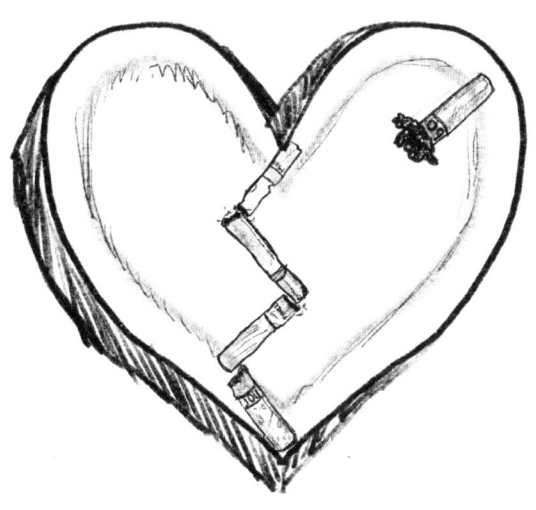

obwohl man noch ein gebrochenes Herz hat?

Natürlich ist alles ernst.

Schau dir die Welt an,

wie soll es sich sonst anfühlen?

Vielleicht ist es auch das Erwachsenwerden.

Habe ich mich <u>traurig reflektiert</u>?

Ernste Gespräche, ernstes Leben,

alles immer rationalisieren und erklären,

statt einfach mal zu fühlen.

Was kann ich verändern, damit es endlich wieder leicht ist?

<u>Oder bin ich völlig machtlos?</u>

Und wieder bin ich nur in meinem Kopf,
dann kommt sie zu Besuch,
und mir geht's wieder gut,
steht sie vor meiner Tür,
kann ich wieder was fühlen,
sie lässt mich wieder blühen. ♥
Weiß nicht, wie sie das tut.
Sie kommt nur zu Besuch.

Du willst mehr und ich will warten,
das verträgt sich nicht,
denn du klammerst dich an mir fest
und ich brauche mehr Raum,
und je mehr Raum ich brauche,
desto mehr klammerst du dich fest.
Und je mehr du dich festklammerst,
desto mehr Raum brauche ich.

Bindungsangst

Wieso versprechen Menschen immer wieder
diese eine Sache, die man **nicht
versprechen kann?**
Ich kann mich endlos beschweren, **dass ich
die Liebe nicht finde,**
während ich mich eigentlich immer **von
ihr wegdrehe,**
sobald sie mir auch nur ein **bisschen
zu nahe kommt.**
Vielleicht habe ich Angst, die **Tür zur
Vergangenheit zu schließen,**
auch wenn es längst an der Zeit ist.
Vielleicht habe ich Angst, dass wenn du
lernst, hinter meine Fassade zu schauen,
dass es da nicht so ist, wie **du es jetzt
erwartest**
und wie du es verdienst.
Vor einem Jahr hätten wir noch **nicht
zueinander gepasst.**
Jetzt schon.
Aber wie ist es nächstes Jahr?
Was, wenn wir aneinander vorbei **wachsen
mit der Zeit.**
Was, wenn ich jetzt erst mich **verliere und
dich dann noch dazu?**
Menschen versuchen, etwas zu versprechen,
was man nicht versprechen kann.
Weil sie genau das wissen,
und das macht ihnen Angst.

Über die glückliche Liebe schreiben soll ich.
Ich weiß nicht wie.
Mir hat nie jemand vorgemacht,
wie man glücklich liebt.
Aber was ich weiß, ist, dass da deine braunen Augen sind,
in die ich ewig lange reinschauen könnte.
Es fühlt sich an, wie mit Tee und Zimtschnecken auf
der Fensterbank zu sitzen,
eingekuschelt in eine warme Decke.
Deine Hände sind unglaublich weich, und du trägst
dunkelblauen Nagellack.
Wenn sie meine festhalten, fühle ich mich so sicher.
Ich will allen Menschen zeigen, dass es dich gibt.
Ich will es rausschreien.
Ich hab Angst, dich zu verlieren,
aber mit dir bin ich gerade so
glücklich.

Denn ich dreh mich zwar weg und mach die Augen zu,
aber da bist immer noch du.

08.11.23   18:33 Uhr

On / Off
Lieben, wie im Film

Ich hab dir jetzt deinen letzten Hoodie vorbeigebracht,
hab einfach ein Foto geschickt,
dass er vor deiner Tür liegt,
und du hast „Danke" gesagt.
So einfach war das.
Zwei Jahre lieben wie im Film
endeten in einem Foto
und einem „Danke".
Zwei Jahre ein Spiel
„Wer verletzt den anderen mehr?",
egal ob zusammen oder nicht zusammen,
egal ob „on" oder „off".
Mein Schachzug, dein Schachzug.
Weißt du noch, jeden zweiten Montag
um 21:30 Uhr vor unserer Bar?
Entweder der andere war da oder nicht.
Wir hatten keine Sicherheit,
aber wir sind immer beide gekommen.
Da hatten wir noch Lust zu spielen.
Rotwein haben wir getrunken,

nicht weil er am besten schmeckt,
sondern weil er am besten in die Szene passt.
Ich wollte immer lieben wie im Film,
aber ich weiß jetzt:
Es ist aufregend, ja, aber macht dich kaputt.
Manchmal frag ich mich,
ob wir uns oder nur für den Plot geliebt haben.
Wem fällt die Trennung leichter?
Dir oder mir?
Lieben wir für- oder gegeneinander?
Dein letzter Hoodie
das letzte Stück du.
Außer ein paar Fotos, die ich „vergessen" habe zu löschen.
Der scheinbar nie endende Test,
wie viel unsere Liebe aushält,
ist jetzt doch gescheitert.
Am Ende haben wir beide verloren.
Wir schweigen uns an,
keine Geste, kein Blick.
Ein Hoodie, ein Foto,
verbraucht, müde und erschöpft.

Können wir nicht kommunizieren oder können wir nicht lieben?

Ich wünschte, du würdest was sagen,
sagen, was genau dich stört,
sagen, wenn ich was falsch gemacht hab.
Ich seh es dir ja eh an.
Ich wünschte, ich könnte dir alles, was ich fühle, so ehrlich sagen,
wie ich es meinen Freund*innen erzähle.
Aber stehst du vor mir, kommt alles wie gefiltert aus mir raus.

Dabei ist da so vieles.
Ich denke manchmal,
meine Gefühle sind so sprunghaft, das kann ja nicht normal sein.
Ich habe noch immer Fragen. Kann man neu verliebt und glücklich sein
und gleichzeitig noch ein gebrochenes Herz haben?

> Ich weiß es nicht.

Oder - ich fühl mich manchmal durch
Kleinigkeiten zu jemandem hingezogen,
aber das hat doch keine Tiefe.
Mein Unterbewusstsein rennt vor irgendetwas
weg, und ich weiß nicht, vor was.
Und ich habe eine Adresse, aber kein
Zuhause.
Such ich das in dir?
Ich bin reflektiert genug, um stundenlang
Antworten zu suchen -
aber nicht genug, um welche zu finden.
Ich bin reflektiert genug, um meinen
Freund*innen die besten Live-Advices zu geben,
aber nicht genug, um mich selbst daran
zu halten
Ich wünschte manchmal, du würdest mir die
Entscheidung einfach abnehmen.
Ich wünschte manchmal, du würdest einfach
besser kommunizieren -
weil ich es selbst nicht kann.
Muss man, um weiter zu kommen, erst
verletzen?
Du willst das nicht hören, und ich will
es nicht beenden.
Aber man ist eben verletzlicher, wenn man
sich liebt, und will einander schützen.
Wir lieben uns doch,
kommunizieren nur noch nicht so,
wie wir müssten.

DIE GESCHICHTE MEINER ESSSTÖRUNG

Ich könnte sie auch die Geschichte meiner ersten Beziehung und meines ersten Males nennen, aber ich nenn sie lieber die Geschichte meiner Essstörung.

Mit vierzehn hatte ich meinen ersten Freund. Emanuel war ziemlich gut darin, immer alles besser zu wissen als ich, und ziemlich gut darin, mir die kalte Schulter, statt Liebe, zu zeigen. Ich frag mich rückwirkend, warum wir überhaupt zusammengekommen sind. Vielleicht hinterfragt man das oft im Nachhinein, weil man es zu einem späteren Zeitpunkt im Leben nicht mehr nachvollziehen kann, vor allem wenn die Liebe weg ist und der rationale Blick auf alles plötzlich knallharte Fakten über den eigentlichen Charakter der Person offenbart. Eigenschaften und Charakterzüge, die die ganze Zeit da waren, man aber einfach nicht gesehen hat. Wenn ich mich erinnere, finde ich alles, was er tut, befremdlich.

Zum Beispiel seine Haltung, die war so gerade, dass er seine Wirbelsäule fast falsch herum gedreht hat, und wenn er sich gebückt hat, hat er seinen Arsch einmal durch das ganze Zimmer gestreckt.

Ich kann ihn mit Sicherheit nicht attraktiv gefunden haben, das traue ich nicht mal meinem Vierzehnjährigen Ich zu, und das war schon echt komisch. Aber ich weiß es auch noch. Ich war nicht fasziniert von seinem Aussehen, fand ihn optisch nicht besonders anziehend und charakterlich auch nicht besonders interessant. Er hatte kein besonderes Talent, spielte zwar Klavier, aber auch nicht besonders gut. Einmal komponierte er für mich ein Stück, und es klang, als würde ein Kind, das zu wenig Aufmerksamkeit bekommt, aggressiv auf den Tasten herumhauen.

igentlich war das schon ganz süß. Klang trotzdem fürchterlich

Das hat mich nicht dazu gebracht, mit ihm zusammenzukommen, auch wenn er es vielleicht bis zum Ende unserer „Beziehung" dachte. Denn er hatte tatsächlich eine Eigenschaft, die alle anderen in den Hintergrund rücken ließ. Er war einschüchternd. Genauer gesagt war er nicht nur einschüchternd, sondern hatte ein sehr autoritäres Auftreten und konnte seinen Willen ziemlich gut durchsetzen. Denn, dass Emanuel alles besser wusste als ich, oder mich jedenfalls voller Durchsetzungskraft glauben ließ, es wäre so, hat in mir eine Bewunderung ausgelöst, die ich sonst nicht kannte. Oder wie ich es nur von einer weiteren Person kannte.

Eine Person, die mein Leben lang alles kritisierte, fast schon etwas besser, als Emanuel es konnte.
Eine Person, für die ich nie genug war, so wie ich es für Emanuel nie war.
Eine Person, für die ich immer zu ungeschickt, zu langsam, zu laut, zu unordentlich, zu falsch rum war.
Ein autoritärer Mann, der mich großziehen und eine Vaterrolle erfüllen sollte – statt mich zu traumatisieren.
Die Abneigung gegen diesen Mann entwickelte ich mit etwa vierzehn, und ehe ich mich versehen konnte, suchte mein Unterbewusstsein sich wohl eine jüngere Kopie.
Man ahmt wohl die Beziehungsmuster seiner Kindheit in seinem späteren Leben unterbewusst nach, *das hab ich mal gehört.*

Und auch ich bin wohl Opfer dieser Psychologie. Diese jüngere Kopie namens Emanuel setzte aber noch einen drauf. Denn eine Gewohnheit von ihm war mir neu, und die fand ich sehr faszinierend. Emanuel trackte die Kalorien und Nährwerte seiner Mahlzeiten mit einer App auf seinem Handy.
Er wog immer alles ab und aß es dann genau so.
Er aß nicht zu wenig, aber auch nicht zu viel.
Er aß genau richtig, jedenfalls in der Weise „richtig", die der Computer ihm vorgab.

Emanuel ging mehrmals in der Woche ins
Fitnessstudio.
Und eigentlich tut mir Emanuel rückblickend
auch leid, weil es ja offensichtlich ist, dass
dem irgendein Kontrollzwang zugrunde lag.
Und ich mache Emanuel auch keine Vorwürfe.
Ich mache Emanuel keine Vorwürfe.

Natürlich mache ich ihm keine Vorwürfe, weil man kann sein Verhalten ja begründen.

Aber, Emanuel hat meine Bauchfalten immer kom-
mentieren müssen, und Emanuel hat mich
ständig darauf hingewiesen, wie viele Kalorien
etwas hat und dass mir Sport mal ganz guttun
würde. Und was Emanuel gesagt hat, musste
immerhin wahr sein. Denn alles, was Emanuel
sagte, stimmte.

Das war die erste Beziehung, in der ich den
Worten meines Partners bedingungslos
glaubte. Mehr als meinen eigenen.
Die erste „romantische" Beziehung, in der ich
das Gefühl hatte, weniger wert zu sein. In der
ich mich in die Position der Verbesserungs-
würdigen brachte, weil ich nicht mal
versuchte, sein Wort anzuzweifeln oder
mich dagegen zu wehren.

> Du weißt es besser als ich.
> So wie Papa es besser als Mama weiß.
> Du hast recht, und ich mach's falsch.
> So wie das letzte Wort beim Vater bleibt.
> Ihr macht euch groß, und wir sind klein.
> Wie viel „Mann" muss man sein, damit's reicht?
> Eure Gemeinsamkeit;
> insgeheim mag niemand mehr er selber sein.
> Wie viel Macht braucht ein Mann, um „Mann"
> zu bleiben?

Emanuel und ich waren über ein Jahr zusammen, dann hat er Schluss gemacht, weil er ein anderes Mädchen kennengelernt hat. Nach der Trennung habe ich meine Trauer mit genau dem kompensiert, was mir ein Stück von ihm zurückgegeben hat. Es gab eine Sache, die ich mir von ihm einfach nehmen konnte und beibehalten konnte.
Essen tracken.

Ich fing an, mich mit Nährwerten und Kalorien auseinanderzusetzen. Ich lernte schnell alles über verschiedene Ernährungsweisen, sah stundenlang Youtube-Videos übers Abnehmen und über die richtige Sportart dafür, „What I eat in a day"-Vlogs und Fitness-Tipps gegen Speck um den Bauch herum.
Ich trackte erst Kalorien und aß noch genug,

führte dann aber Schritt für Schritt ein größeres Kaloriendefizit ein, in der Hoffnung, dass man dann auch schneller mehr abnimmt.
Zu meinem Erstaunen funktionierte es.
Ich bekam Komplimente.
Ich machte weiter.

UND BALD WAR ICH VON FAST 60 KG AUF 40 KG RUNTER. UND DANN AUF 35.

Meine Periode setzte aus. Aber niemand machte sich Sorgen.
Meine engsten Freund*innen bemerkten es nicht mal, meine Mutter auch nicht. Es war so schnell normal.

Zwei Jahre lebte ich mit diesem Untergewicht. Erst als ein Arzt mir mit einem stationären Klinikaufenthalt drohte, zwang ich mich zu essen. Für mich gab es nichts Schrecklicheres, als weg von meinen Freund*innen zu sein, die ich jeden Tag traf. Die Pandemie hatte begonnen, und wir verschanzten uns täglich

heimlich zu fünft

im Gartenhäuschen einer Freundin. Jedes Mal
brachte eine von uns etwas zu essen mit:
Nudelsalate, Kuchen. Und so half mir meine
damalige Freund*innengruppe vor dem
Hintergrund, dass ich sonst in die Klinik
müsse, aus meiner Essstörung raus.
Zu meinem Erstaunen begann der schönste
Sommer meines Lebens. Trotz der Pandemie
fühlte ich mich unendlich leicht und befreit.
Alles war einfach.

UND SO FAND ICH MEINEN APPETIT WIEDER.

Mein Weg ist nur ein Weg und nicht deiner. Solltest
du an einer Zerstörung leiden, suche dir bitte
professionelle Hilfe. Das ist superwichtig und total
stark, und auch ein Klinikaufenthalt kann sehr heilreich
sein und ist überhaupt nicht schlimm. Im Gegenteil!
Ich wusste es nur damals nicht besser.

Daheim//

Um 12 Uhr gibt's Mittag,
jeden Tag.
Egal, ob hungrig oder satt,
als hättet ihr keinen freien Willen.
Das ist Gesetz, das wird gemacht.

Dazwischen war kein Platz,
daheim wurde nicht gelacht,
daheim war alles immer gleich.
Da bin ich lieber weggerannt,
dann war's nicht mehr so traurig.

Haut ums Auge, Blaustich.
Mama, bitte trau dich!
Niemand geht dazwischen,
als gäbe es kein' freien Willen.
Was Vater sagt, das wird gemacht.

Alles endlich still,
um 18 Uhr gibt's Abend.
Im allerersten Leben
kann man's ja nicht besser wissen.
Bring mich ins Bett, setz dich daneben
und lies mir etwas vor.

Glas umgehauen

Kind gehauen

> Manchmal stellt man fest, dass es nicht reicht, wenn man sich was nur wünscht.

> Manchmal verliert sich jemand, weil sich jemand anderes noch nicht gefunden hat.

Manchmal verletzt man jemanden, weil...

> man selbst noch verletzt ist.

> Manchmal lässt man jemanden rein, um zu realisieren, dass der Platz noch belegt ist.

> Manchmal konnte ich nicht unterscheiden, ob jemand meinen Rücken mit seinen Fingerspitzen oder mit einem Messer zärtlich krault.

06.11.23 / 00:35 Uhr

Cheesy Poem

Laufe durch das Nachtlabyrinth,
das sich Berlin nennt.
Hab überall nach dir gesucht,
obwohl du hier schon lange nicht mehr wohnst.
Mein Kopf versteht manchmal nicht, was passiert ist.
Wenn ich jetzt hier bin,
für Jobs, Events und Backstage –
alles Dinge, die ich damals noch nicht hatte,
aber dafür hatte ich dich –,
kommt das Geräusch aus meiner Brust langsam bei mir an,
mein Herz, das bricht.
Im ersten Schnee spiegelt sich der letzte Umriss unserer letzten Weihnacht
und der von deinem Gesicht.
Ich hab alles gewonnen, was ich je wollte,
doch leg ich mich abends nicht mehr neben dich.

Wie Berlin ist, weiß ich, seit die Stadt uns getrennt hat.
Man kann da nicht hinziehen, ohne sich mit sich selbst auseinanderzusetzen.
Entweder du versinkst in der Stadt oder in dir selbst.
Oder beides.
Das kann das Schönste sein
oder das Schlimmste.

WILLENSSTÄRKE

Du hast immer gesagt, ich hätte keine
Willensstärke.
Aber ohne die kommt man nicht so weit.
Du hast nicht an mich geglaubt,
also habe ich es auch nicht getan.
Ich hab dir geglaubt, als du meintest,
es sei schwach, Dinge abzubrechen, die einem
nicht guttun. Einfach weil man sie sich
vorgenommen hat - und was man sich vornimmt,
ist oberstes Gesetz.
Ich hab dir geglaubt, als du meintest,
ich sei komplett disziplinlos und könnte
mir selbst nicht vertrauen.
Ich habe mir dann selbst nicht mehr vertraut.

Sicherheit, Selbst

Ich habe immer mehr
Selbstsicherheit verloren
und die Sicherheit dann
in dir gesucht.
Man verliert seine gute Seite
nur, wenn man selbst nicht
mehr an sie glaubt.

Du hast sie mir abgesprochen.
Wortwörtlich, du hast so viele Sachen
gesagt, die mein Selbstbewusstsein
zunichtegemacht haben.
Und ich habe es nicht verstanden,
nicht gesehen,
aber mit jedem Menschen, der nach dir
in mein Leben kam,
jedem Menschen, der genau diejenigen
meiner Eigenschaften gelobt hat,
die du kritisiert hast, kam ein bisschen
Selbstsicherheit und Selbstbewusstsein
wieder zurück.
Du hast immer gesagt, ich hätte keine
Willensstärke,
aber ohne die kommt man nicht so weit.

Inzwischen denke ich sogar,
ich habe mehr davon als du,
und vielleicht war das immer
dein Problem.
Denn du bist süchtig nach
Selbstkontrolle und Unabhängigkeit
und wolltest mir meine
deshalb entziehen.

12.11.23 / 00:42 Uhr

Ex wiedersehen

Hab mich immer gefragt, wie es ist, wenn wir uns wiedersehen.
Ich hab eigentlich jedes Mal, bevor ich ausgegangen bin,
die Hoffnung gehabt, dass wir uns über den Weg laufen.
Ich hab's mir einfach gewünscht, obwohl ich natürlich nicht wusste,
ob es total komisch ist zwischen uns.
Ob ich dich da mit einer Neuen sehe, ob wir uns begrüßen oder nicht.
Aber dann, dieses eine Mal, warst du einfach da,
in der ersten Reihe hast du getanzt, mit deinen Freund*innen,
die mich, glaube ich, nicht leiden können.
Ich glaub in dem Moment ist mein Herz stehen geblieben,
und ich hab sicher drei Mal vergessen zu atmen.
Hab schnell weggeschaut, meine Freundin am Arm gepackt
und ihr ins Ohr geschrien, dass du da bist –
und das wahrscheinlich so laut, dass du es gehört hast.
Ich würde gerne schreiben, dass es mich unberührt gelassen hätte.
Alles, was ich wollte, war, dass es mich nicht mehr affektiert,
ich hab mir das so oft eingeredet, in Gesprächen über dich.
Aber damit belüge ich mich selbst.
Ich brauche noch so viel Zeit, bis es mir wirklich egal ist.
So viel, dass ich denke, es wird nie so weit sein.
Dabei weiß ich doch, dass es geht.

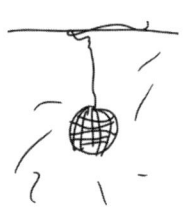

♩ ♫ ♩ ♫

Bei der Person vor dir hat es auch geklappt. Aber die Person vor dir warst eben nicht du.
Später bist du zu mir. Ein Lächeln, ein „Hallo". Es scheint dir leichtzufallen.
Hast du etwa schon den Frieden geschlossen, den es braucht, um das zu tun?
Mein Herz rast, ich kann nicht sprechen.
Alle Wörter drehen sich um.
Dein Gesicht ist noch gleich, vielleicht ein bisschen weniger weich.
Deine Augen immer noch in diesem Blau, über das ich den ein oder anderen Text geschrieben hab.
Alles wirkt vertraut, und doch ist es jetzt kälter.
Der einst größte Teil meines Lebens wird von Tag zu Tag nur fremder.

< Notizen

28.10.23

Ich habe mich mal wieder in den Schlaf geweint

- Mal wieder bereut, das Kuscheltier,
  das du mir geschenkt
  hast, mit in meine neue Wohnung
  genommen zu haben.
  Es ist gleichzeitig der größte Trost
  und der größte Schmerz.
  In ihm ist ein bisschen deiner Wärme
  und deiner Liebe gespeichert.
  Doch erinnert es mich genauso daran,
  dass du weg bist.

- Ich habe mich mal wieder in den
  Schlaf geweint.
  Ich kann nicht genau beschreiben,
  wo genau der Schmerz liegt,
  er ist einfach da.
  Es ist, als würde mein Körper zu viel
  Blut in alle Körperteile schicken.
  Es löst ein Stechen in der Brust aus und
  in den Venen um meine Handgelenke.
  Es ist, als würde mein Gehirn gleich platzen
  und mir dann die Schädeldecke einschlagen.

Meine Gefühle haben so
viel Macht über mich,
und doch hinterfrage ich
sie immer wieder,
spreche sie mir selber ab.
Als könnte ich sie nicht
mehr nachempfinden, sobald
sie weg sind.

Ich bin allergisch

Verliebt sein –
keine Ahnung, was das ist.
Ich hab das ein paar Mal so bezeichnet: Da hab ich nur an sie gedacht, hab Schmetterlinge gespürt und dann irgendwann verstanden, dass es doch mehr Bauchschmerzen waren.
Ein Warnsignal vielleicht.
Vielleicht hatte ich einfach Pech, und wir haben nicht gepasst,
sosehr ich mir das auch gewünscht hab.
Vielleicht war mir das aber auch irgendwo tief in mir von Anfang an klar,
vielleicht war mir schlecht, weil ich gemerkt habe, dass von ihr nicht das Gleiche zurückkommt,
auch wenn sie was anderes gesagt hat.
Vielleicht, weil ich mich selbst belogen hab.
Bei ihm hingegen hatte ich das nie
– seien es jetzt Schmetterlinge oder Übelkeit –

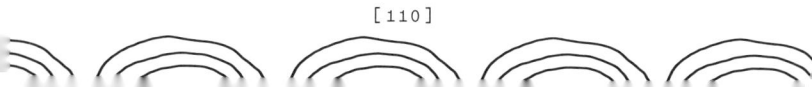

gegen Liebe

Es war von Anfang an einfach warm,
einfach vertraut.
So als hätte ich ihn jahrelang schon gekannt.
Es war wie zuhause,
aber mir hat immer was gefehlt.
Dieses Knistern – oder ich hab das
auch Feuer genannt.
So stell ich mir verliebt sein vor.
Aber vielleicht existiert das gar nicht.
Denn von allem, was knistert, wird mir relativ schnell
schlecht.
Es ist wie Achterbahn fahren.
Und ich mag das nicht.
Vielleicht bin ich allergisch – gegen das Verliebtsein.
Und dann ist da eben auch die Frage mit
dem Geschlecht.
Erklär mir mal, was Liebe ist,
dann wird das mein nächster Text.

```
Ich schaff so viel,

        (aber bin enttäuscht von mir.)
        Ich.mache.alles.gut, (aber nicht gut genug.)
        Ich bin so müde, (aber ich muss (weitermachen.))

Ich bin verliebt,

        aber ich habe keine Liebe verdient.();
        Ich.bin.fertig, Ich muss was Neues machen.
        Schnell = mir ist sonst langweilig.

Schnell {

[sonst muss ich mich mit mir selbst auseinandersetzen.]

}
```

Alles, was ich will,

ist so viel.

Will ich es überhaupt?

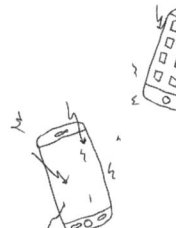

Ich lebe meinen Traum,

er lässt mir keinen Raum.

Ich brauche mehr.

Ich komm nicht hinterher.

Ich schiebe alles auf.

Erfolg macht glücklich,

doch es hat sich nichts verändert.

Außer.

Mehr Höhen.

Mehr Tiefen.

Mehr Angst.

Mehr Angst.

Mehr Angst.

Mehr Abhängigkeit.

12.11.23   01:13 Uhr

Du stehst vor mir
und sagst Hallo,
als wäre zwischen uns schon Frieden.
Dass du so tust, macht mich wütend.

Erst letzte Nacht haben wir geschrieben,
und sosehr uns Kommunikationsskills liegen,
kein Wort kam so an, wie es sollte.
Ich glaube ja daran, dass du mir nicht wehtun wolltest.

Ich finde immer einen Grund für dein Verhalten,
ich kenn dich ja und alles, was dahintersteckt,
hinter dem, was du sagst, selbst wenn es mich verletzt,
Und so bin ich dir nie böse, nie lange entsetzt.

Und so steh ich vor dir
und sag Hallo,
als wäre zwischen uns schon Frieden.
Das mach ich nur, weil ich dich liebe.

Ich spüre in jeder Sekunde,
jetzt könnt' ich anfangen zu weinen,
dann müsst' ich endlich ehrlich sein
und dir gestehen, wie sehr ich noch leide.

Wir schauen uns an,
eigentlich haben wir nichts mehr zu sagen.
Doch da kommt die Wut.
Heute mit: Wie oft hast du misogyne Aussagen
gegen mich verwendet?
„So ist das halt, wenn man Frauen mit hohem
Bodycount datet", hast du mal gesagt, und jeden
anderen Menschen hätte ich spätestens dann
gecancelt. Ich wünschte, ich könnte dich
canceln (cancelt Männer, die so sind!). Aber
ich weiß, dass du nicht wirklich so denkst.
Ich weiß, es ist nur eine Gegenreaktion, auf
irgendwas, was ich gemacht habe, das dich
verletzt hat.

Ich weiß das, aber die Waffe schießt
und trifft.
Du richtest sie auf mich, weil du wütend warst.
Jetzt bin ich es.
„Ich geh mir jetzt schöne Frauen und Typen
klären", kommt aus mir raus.
Um auf deine widerliche Aussage einzugehen.
Um dich zu provozieren. Ich lade meine Waffe,
drehe mich weg und gehe.

Mit einer Kälte, die mich erfrieren ließe,
würdest du sie zeigen.
Zwanzig Minuten später mache ich im
Technokeller vor deiner Nase
mit einem Typen rum und zeige dir dabei den
Mittelfinger.
Ich will das nicht wirklich, du weißt das,
aber die Waffe schießt und trifft.
Und so drehen wir uns mit längst total
erbärmlichen Aktionen weiter im Kreis.
Ein Kreislauf, der inzwischen ewig
zurückzuführen ist.
Ein Kreislauf aus aufeinander gerichteten Waffen.
Ein Kreislauf aus Provokationen, immer
abwechselnd.
Ein Kreislauf, der irgendwann das Einzige
geworden ist, das uns noch zusammenhält.
Ein Kreislauf, den wir lieben lernen.
Denn zu streiten ist besser, als sich zu
verlieren.
Zu streiten ist besser, als nicht mehr
zu schreiben.
Sich zu provozieren ist besser, als sich
zu ignorieren.

Die einzige Rechtfertigung für unseren Kontakt.
Die Rückseite der Medaille ist Hass.
Das Einzige von all dem, was wir hatten,
das geblieben ist.

März 2024 \ Nachtrag

Inzwischen habe ich verstanden, dass es eigentlich keinen
Unterschied gemacht hat, dass du tief in dir nicht wirklich
diese misogyne Einstellung hattest.
Alleine, dass du eine so sexistische Aussage genutzt hast,
um eine Frau (mich) zu verletzen, ist schon misogyn.

Dein letzter Text

Vielleicht heißt es „Falling in Love",
weil man nicht für immer fallen kann,
weil man irgendwann irgendwo aufkommt.

>Weißt du noch; an diesem Kiosk haben
>wir uns immer Snacks geholt,
>um die Serie weiterzugucken,
>die wir nie zu Ende gesehen haben.

Manchmal denke ich, wenigstens einer von uns
muss den anderen hassen,
denn nur die geringste Chance, dass du mich
anrufst und mir sagst,

>dass du mich vermisst, hat gereicht,
>dass ich dich nicht loslassen konnte.

Und wenn man sich so oft im Kreis dreht,
woher soll ich denn wissen, dass es dieses Mal
wirklich vorbei ist?

        Indem ich mich dafür entscheide.

Irgendwann wird ein Tag vergehen, an dem du
nicht an mich denkst.
Irgendwann läuft dir ein Mensch über den Weg,
der alles, was wir hatten, ganz klein aussehen
lässt und unendlich weit weg.
Ich hoffe, dass du dann bei diesem Menschen richtig
ankommen kannst.

        Weißt du, wir werden uns nie hassen,
        egal wie sehr wir es versuchen.
        Wir werden immer ein bisschen stolz
        darauf sein, was der andere so erreicht.

Dein letzter Text.

        Aber ich werde sicher noch ein paar
        Mal weinen.

Was, wenn ich vergesse?
Dein Gesicht verblasst vor meinen Augen,
ein bisschen mehr mit jedem Tag.
Alles war so schön mit dir,
jetzt ist die Zeit vertan.

Alles und Nichts
Du für mich und ich für dich

Seit drei Jahren bist du immer mal da
und dann wieder weg.
Sorgst immer mal für meinen inneren Frieden
und dann wieder für meinen inneren Krieg.
Bist immer mal das größte Gegengift der Angst
und dann der Triggerpunkt,
der sie wieder verursacht.
Bist immer mal mein Mittel gegen Einsamkeit
und dann wieder der Grund, warum sie
stärker denn je zurückkommt.
Du zeigst mir immer mal, besser als jede*r
andere es kann, dass ich Liebe verdiene,
sodass ich dir glaube.

**Bis du immer wieder mal dafür sorgst,
dass ich diesen Glauben wieder verliere.**

Denn du bist immer mein Zuhause.
Nur nimmst du mich eben manchmal an, und
dann stößt du mich wieder weg.
Denn du bist immer alles für mich,
doch manchmal bin ich eben dein Nichts.

10.01.23 \ 12:36 Uhr

Ich sitze im Cafe und denke, ich sterbe.

Alles dreht sich, ich schaue hektisch nach
rechts und links, und das Bild kommt verzö-
gert und leicht verschwommen nach. Meine Hände
schwitzen, und es läuft meine Arme runter,
mein Herz rast, mein Atmen wird schneller
und schnappender. Ich habe Druck auf der Brust,
mein Mund wird trocken. Meine Stirn pocht.

Obwohl ich diesen dauerhaften, hallenden
Geräuschpegel nicht wirklich aktiv wahrnehme,
sondern nur, wenn ich mich auf ihn fokussiere,
löst er eine innere Unruhe in mir aus.
Ich denke jedenfalls, dass es der Geräuschpegel
ist, ich bin mir nicht ganz sicher.
Vielleicht ist es auch, dass ich mit meinem
Rücken zum Raum und nicht zur Wand sitze –
und dass mich das beunruhigt, wenn
irgendetwas hinter mir passiert, was ich
nicht beobachten kann.
Vielleicht ist es auch das Licht,
es ist recht grell.
Vielleicht sind es auch die beiden Mädchen
dahinten, die mich nun schon ein paar Mal
angeschaut haben.

Oder bilde ich mir das ein? Die gucken so,
als würden sie mich für irgendwas verurteilen?
Ich muss verrückt sein.
Vielleicht ist es auch eine beginnende Psychose,
und gleich bin ich völlig verwirrt und wahnhaft
und weiß nicht mehr, wer ich bin.
Niemand hier kann es mir sagen.
Nein, das ist doch Schwachsinn. Ich habe eine
Angststörung, keine Schizophrenie.
Oder ist man schon schizophren, wenn man sich
Schizophrenie einredet?
Ich muss schizophren sein, meine Mutter ist es
auch. Das ist das Einzige was Sinn macht.
Nein, ich hatte in letzter Zeit einfach zu viel
Stress und bin gerade reizüberflutet.
Ich sollte gehen und mich ausruhen. Jetzt.
Jetzt, solange ich noch lebe. Was, wenn ich
gleich sterbe.
Ich hab doch dieses Stechen in der Brust ab und
zu. Herzrhythmusstörungen?
Und gleich falle ich um, deshalb ist mir auch
so schwindelig. Ich habe doch keine Angst und
auch keine schizophrene Psychose, ich bin einfach schwer krank, und mein Kreislauf leidet

enorm darunter. Jetzt gleich könnte ich sterben. Dann ist niemand bei mir, der mich liebt, ich bin ganz alleine. Niemand weiß, wer ich bin. Jeder weiß, wer ich bin.
Alle kennen mich, alle verurteilen mich, alle finden meine Texte schlecht,
wieso schreibe ich überhaupt.
Ich will hier weg, aber bei jedem Schritt könnte ich einfach umkippen und sterben.
Ich sitze im Café, und ich denke, ich sterbe.

Ich denke, ich sterbe. Wie letzte Woche, als ich auch im Café saß.
Wie bei diesem Meeting im Sommer, bei dem ich dachte, ich habe einen Schlaganfall, dabei hatte ich einfach eine stundenlange, komplett irrationale Angstattacke. Ich denke, ich sterbe, wie als ich mit ihr spazieren war und dachte, jetzt darf ich keine Panikattacke bekommen, ich muss den Moment genießen und es ist peinlich, wenn man psychisch krank ist.
Ich denke, ich sterbe. Immer wieder denke ich, ich sterbe.

<u>Aber ich bin noch nie gestorben.</u>

Und deshalb gehe ich weiterhin in Cafés,
auf Meetings, auf Dates.
Denn die Angst kommt und geht.
Nichts von den Dingen, die ich mir
eingeredet habe, ist je eingetroffen.

<u>Sie werden nicht eintreffen.</u>

Trotzdem verfolgt mich die Angststörung
überallhin.
Sie sitzt auf dem Stuhl neben mir,
hält meine linke Hand, während die Liebe
die rechte hält,
sie sitzt mit im Meetingraum.

<u>Aber ich lasse sie nicht mehr im
Chefsessel sitzen.</u>

Lehne ich immer weiter, wird sie vielleicht
immer kleiner.
Ich beweise der Angst, dass sie mir
nichts anhaben kann.
Ich lasse die Angst nicht mein Leben kaputt
machen.

Ich schreibe gerade einen Text in einem Café
darüber, dass ich denke, ich sterbe, und ich
fühle es einfach zu Ende.
Ich schreibe diesen Text mit rasendem Herz und
schwitzenden Händen.
Aber ich schreibe diesen Text.

<u>Die Angst hat verloren.</u>

Ist das einfach die Wirkung von Liebe
oder schon Abhängigkeit?
Bist du dabei, ist es, als
wäre ich geheilt.
All die Angst, die unter meiner
Haut verweilt
und teuflisch auf den möglichst
unpassendsten Moment wartet,
um an die Oberfläche zu eilen.
All die Angst, wegen der ich meinen
Alltag so schwer zu bewältigen weiß,
ist einfach weg, und alles ist leicht.
Sag, ist das einfach die Wirkung
von Liebe oder schon

¿Abhängigkeit?

IN MEINEM KOPF WAREN DEINE WORTE IMMER RICHTIG IMMER WAHR

WENN DU AN MICH GEGLAUBT HAST, HAB ICH ES AUCH
HAST DU NICHT AN MICH GEGLAUBT, DANN KONNTE ICH ES AUCH NICHT
ERBÄRMLICH, WIE LÄCHERLICH ABHÄNGIG ICH VON DIR WAR
UND ICH HABE ES NICHT MAL GEMERKT

Egal, was alles Schönes um dich herum passiert,
wenn du dich dem Glück nicht öffnen kannst,
dann kommt es nicht in dich rein und nie wirklich bei dir an.

Du bist meine Motivation.
Das Ziel, mit dir zu sein,
mein Antrieb,
es nervt mich,
weil ich ständig predige,
wie wichtig Unabhängigkeit ist
und wie sehr die Beziehung
zu sich selbst
niemals von der zu einer anderen abhängen soll.
Im Negativen jedenfalls.

Im Positiven bin ich
mir nicht mehr sicher.
Alles fällt mir leichter,
wenn ich daran denke,
dass ich es irgendwann
mit dir teile.
Und – ich will nicht
einmal was dagegen tun,
sondern für immer
in diesem Zustand bleiben.

24.10.2023

Wenn ich mich an dem Gedanken festhalte,
dass wir irgendwann wieder funktionieren,
geht's mir einfach besser.
Daran zu denken, dass alles, was ich jetzt für mich tue,
meine ganze Weiterentwicklung
auf das Ziel hinausläuft, mit dir zu sein,
hilft mir, dabei zu bleiben.
Mache ich es dann nicht nur für mich?
Vielleicht.
Muss ich das denn?
Es bringt mich ja ans Ziel.

WIR KÖNNEN UNS NICHT LOSLASSEN

Meine Freund*innen fragen, ob wir gerade
wirklich versuchen,
übereinander hinwegzukommen.
Oder eigentlich nur darauf hinleben,
dass wir wieder zueinander finden.
Ich treffe jetzt jede Entscheidung
unabhängig von dir; aber doch ausgerichtet
auf das Ziel, dass wir endlich
funktionieren.
Denn wir haben nur noch einen
letzten Versuch.
Wenn überhaupt.
Und dann will ich wirklich bereit sein.
Und dich nie wieder verlieren.
Und du weißt es nicht, aber in meiner
Notizenapp gibt es diese Liste an Dingen,
die ich dir erzählen will,
wenn wir uns wieder haben.

Und immer wieder füge ich Neues hinzu.
Ein paar Sachen erzähl ich dir aber
doch zu früh.
Weil wir immer, wenn wir aufeinander-
treffen und mal sprechen, in diese Tiefe
zurückfallen, die wir immer schon hatten.
Das passiert einfach, egal über was wir
eigentlich geredet haben.
Wir können nicht aufhören, unsere Psyche
zu analysieren.
Alles, was passiert ist, immer wieder auf-
zurollen und immer wieder Gründe zu finden,
aneinander festzuhalten.
Und dann erzähl ich dir wieder all das,
was ich gar nicht erzählen wollte.
Jedes Mal fallen wir so tief zurück in
unsere Gefühle, dass ich dir all das erzähle,
was ich dir nicht erzählen sollte, was man
besser nur seinen Freund*innen erzählt.
Und wenn jeder dann nach Hause geht oder wir
auflegen, wenn jeder wieder alleine ist,
alles auf einmal wieder leer ist, dann ist
alles wie am ersten Tag,
an dem alles vorbei war.

Wir lassen uns nicht los.
Wir wollen einfach nicht.

MENU

21.01.24

MENU

Ich sitze im Café und überlebe es wieder

Mit dem Rücken zum Raum.
Und Reize kriechen
von hinten
in meinen Kopf
wie Stimmen,
die nicht wirklich da sind.
Die dazugehörigen Gesichter sehe ich nicht.

Lieber nicht mit dem Rücken zum Raum.
Dann kommt die Angst
und bringt mich um.

Fensterplatz,
Holztheke,
Hochstühle.
Blick nach draußen in den Schnee.
Rotlintstraße,
blauer Himmel.

Ich schaff das mit dem Rücken zum Raum.
Selbst wenn die Angst kommt,
sie bringt mich nicht um.
Sie hat mich noch nie umgebracht.

Heute ist der Himmel blau.
Keine Wolke ist zu sehen.
Kein Schleier legt sich über alles,
was hier unten lebt.

Mit dem Rücken zum Raum.
Die Reize bleiben.
Die Angst kriecht.
Davon.

Irgendwann habe ich verstanden,
dass Glücklichsein
genau das ist, was ich immer als
langweilig bezeichnet hatte.
Wenn's ruhig ist und friedlich.

31.12.23 | 11:28 Uhr

In meinem Kopf ist so viel

Ich kann es nicht mal mehr aufschreiben,
weil ein Gedanke den anderen ablöst.
Bevor ich ihn begreifen kann.
Das Einzige, was bleibt, sind Kopfschmerzen,
die sich anfühlen wie Leere.

Ich hab keine Lust mehr.
Ich verliere meine Worte.
Ich will lieber schweigen.
Keine Ahnung, was ich fühle.
Irgendwie bin ich zwar genervt, das merk ich.
Vor allem aber bin ich müde.
Jeder Gedanke ist zu anstrengend.
Ich hab so viel gedacht in diesem Jahr.
Ich will einfach nichts mehr denken.
Ich hab so viel gefühlt in diesem Jahr,
die größte Freude, den größten Schmerz, die größte Veränderung.
Viel zu schnell viel zu viel hintereinander.
Ich will einfach nichts mehr fühlen.
Ich will einfach meine Ruhe.

Ich habe immer gesagt,
ich hätte dich nicht gesehen,
dabei hast du mich nicht gesehen,
und deshalb habe ich mich
irgendwann von dir weggedreht.

WARUM DAUERT EINE HEILUNGS- PHASE SO VERDAMMT LANGE

Egal, wie sehr wir es versuchen

Wir können uns blockieren.
Wir können uns verfluchen.
    Wir können uns tausendmal den
    Kontakt verbieten,
andere treffen und alles versuchen,
um uns in sie zu verlieben.
    Aber jeder Versuch führt nur
    wieder zurück zu uns,
        unseren endlosen Nächten zu zweit.
Jeder Versuch führt zurück,
in den nie endenden Kreislauf
mit dem nie endenden Willen,
wieder beieinander zu sein.
    Das Problem ist, wir können
    auch alles versuchen,
    um beieinanderzubleiben.

Doch jeder Versuch ist nur ein
vermeintlicher Neustart,
eingefärbt von Vergangenheit.

03.01.24 \ 22:22 Uhr

Weil dir meine Tränen egal sind

Ich will mich nicht mehr mit dir beschäftigen.
Ich hab das ganze Jahr lang Texte über
dich geschrieben,
und dadurch warst du das ganze Jahr
irgendwie immer noch da.
Aber die Wahrheit ist,
der Mensch, der mir so sehr fehlt,
ist schon lange weg.
Du bist nicht mehr der Mensch,
den ich so sehr geliebt habe
und der mich so sehr geliebt hat.
Es ist, als würde mir das jetzt
erst klar werden.
Warum dauert eine Heilungsphase so
unfassbar lang?
Du hast dich in letzter Zeit ab und
zu gemeldet.
Aber immer nur halb,
du wolltest nicht wirklich zu mir zurück.
Und ich glaub du wusstest, wie sehr mich
das zerreißt,

wenn du wieder auftauchst.
Aber du hast es trotzdem getan.
Du hast immer gesagt, du willst nur,
dass ich glücklich bin.
Aber du tust nichts dafür,
weder kommst du zurück,
noch brichst du den Kontakt ab,
damit ich irgendwann glücklich bin.
Ich will dich nicht nur über Facetime,
nicht nur ab und zu.
Nicht nur wenn dir danach ist.
Meine Gefühle müssen nicht das
Wichtigste für dich sein.
Aber lass mich doch wenigstens endlich heilen.
Mein Impuls sagt, ich soll auf dich warten,
um dich kämpfen,
mich bei dir melden,
aber es bringt nichts,
es führt zu nichts.
Aber wie du grad bist, zeigt mir auch,
dass ich an einer Version von dir festhalte,
die so gar nicht mehr existiert.
Also schreibe ich jetzt über jemand anderen.
------> Und das ist wirklich dein letzter Text.

Liebesbriefe an meine beste Freundin

Hinter deiner Fassade

> Du musst dich nicht erklären,
>
> ich weiß doch, wieso du so reagiert hast.
>
> Ich weiß doch, wieso du bist, wie du bist.
>
> Ich kann dir gar nicht böse sein,
>
> dafür kenn ich dich zu gut.
>
> Dafür kann ich dich zu einfach lesen.
>
> Alles kann ich deuten,
>
> alles irgendwie verstehen,
>
> hinter deine Fassade sehen,
>
> besser als sie, besser als er,
>
> besser als irgendjemand begreifen kann.
>
> Eigentlich wollte ich sauer sein,
>
> aber alles in mir sagt:
>
> Nimm sie einfach in den Arm.
>
> Also nehme ich dich in den Arm.
>
> *Sobald ich bei dir bin, fällt mir auf,*
> *ich bin niemandem so vertraut.*
> *Wahrscheinlich macht das eine beste Freundin aus.*

Mit dir

> Mit dir muss ich nicht funktionieren.
>
> Mit dir kann ich die reflektiertesten Gespräche führen,
>
> aber auch einfach mal alles rausschreien.
>
> Einfach mal wegrennen,
>
> alles vergessen.
>
> Mit dir kann ich in jedem Zustand einfach existieren.
>
> Einfach sein.
>
> *Wir haben all den Schmerz zusammen weggelacht.*

Meine erste gesunde Freundschaft

> Wir gehen diesen Weg gemeinsam,
>
> aber doch jede für sich.
>
> Wir halten die Hand der anderen,
>
> aber ohne daran zu ziehen.
>
> Du beanspruchst mich nicht für dich,
>
> ich bin freiwillig für dich da,
>
> und du für mich.
>
> Du begleitest mich auf der Suche nach mir selbst,

hilfst mir vielleicht sogar dabei,

aber zerrst mich nicht in eine Richtung.

Ich bin immer richtig frei –

und doch stehst du immer hinter mir.

Und ich bin nie richtig allein.

*Und da, wo mich niemand angenommen hat,
hast du sogar mit mir getanzt.*

Du bist so schön

Du verteilst Liebe und Wärme,

mehr als jeder andere Mensch, den ich je gesehen habe.

Du sprichst die weisesten Worte und hast so eine

lebendige Energie, voller Humor, Positivität,

Ehrlichkeit und Phantasie.

Du bist die schönste Frau in dieser Stadt,

die es manchmal selber nicht sieht.

Aber hättest du meine Augen, dann hättest du dich

längst in dich selbst verliebt.

In dein Lachen, in die Art, wie du tanzt, die Art, wie du

die Welt siehst, in all das, was du kannst.

Und ich will nur, dass du weißt, selbst wenn du es mal

nicht fühlst oder sehen kannst. Du bist so schön.

Liebe dich selbst, wie du deine beste ♡ Freundin ♡ liebst

Etwas alleine und nur für sich durchzuziehen
ist die höchste Form von Selbstliebe.

SELBSTLIEBE

`Selbstliebe` bedeutet für mich, dass ich
mich Tag für Tag meinen Ängsten stelle.
`Selbstliebe` bedeutet für mich,
dass ich mich mit Menschen umgebe, bei
denen ich mich selbst mag und die meine
`Selbstliebe` stärken.
`Selbstliebe` bedeutet für mich, dass ich
meinen Leidenschaften folge, weil ich weiß,
dass mir das Erfüllung bringt.
`Selbstliebe` bedeutet für mich, weiter-
zumachen, auch wenn andere an mir zweifeln
und auch wenn ich selbst manchmal an mir
zweifle, denn `Selbstliebe` schließt nicht

aus, mal an sich zu zweifeln. Sie bedeutet vielmehr, lieb zu sich selbst zu sein und sich immer wieder vor Augen zu führen, wie viel man eigentlich schafft.

Selbstliebe bedeutet für mich aber auch, regelmäßig zu hinterfragen, was mich erfüllt.

Selbstliebe bedeutet für mich, manchmal Kontrolle abzugeben und Hilfe anzunehmen.

Selbstliebe bedeutet für mich, in Therapie zu gehen und meiner mentalen Gesundheit Zeit und Aufmerksamkeit zu schenken.

Selbstliebe bedeutet für mich, mich mit mir und meiner Vergangenheit auseinanderzusetzen, aber nicht, weil mich jemand dazu drängt, sondern weil ich mir bewusst bin, dass ich Frieden verdiene.

Selbstliebe bedeutet für mich, mir zuzuhören und Pausen zu machen.

Selbstliebe bedeutet für mich, den Menschen besonders viel Zeit zu schenken, bei denen ich mich gesehen und ernst genommen fühle.

Selbstliebe bedeutet für mich, mein inneres Kind nach außen zu tragen.

Selbstliebe bedeutet für mich, geduldig mit mir zu sein.

Selbstliebe bedeutet für mich, nicht aufzugeben.

Selbstliebe bedeutet für mich, davon auszugehen, dass egal wie schlecht es mir jetzt geht, ich zu meiner Glückseligkeit zurückfinden werde.

Selbstliebe bedeutet für mich, dich loszulassen, obwohl du ein paar dieser Punkte erfüllst. Denn dich zu lieben, bedeutet, dass ich meine Selbstliebe verliere. Das heißt nicht, dass du Schuld trägst und auch nicht, dass ich Schuld trage. Es bedeutet lediglich, dass ich zuerst meine Selbstliebe wieder aufbaue und dann schaue, ob ich die Liebe zu dir überhaupt noch vermisse.

SELBSTLIEBE

Ach so, und
Selbstliebe bedeutet für mich, spazieren zu gehen und ein Buch darüber zu schreiben, wie ich realisiere, dass ich mich gar nicht so wenig selbst liebe wie gedacht.

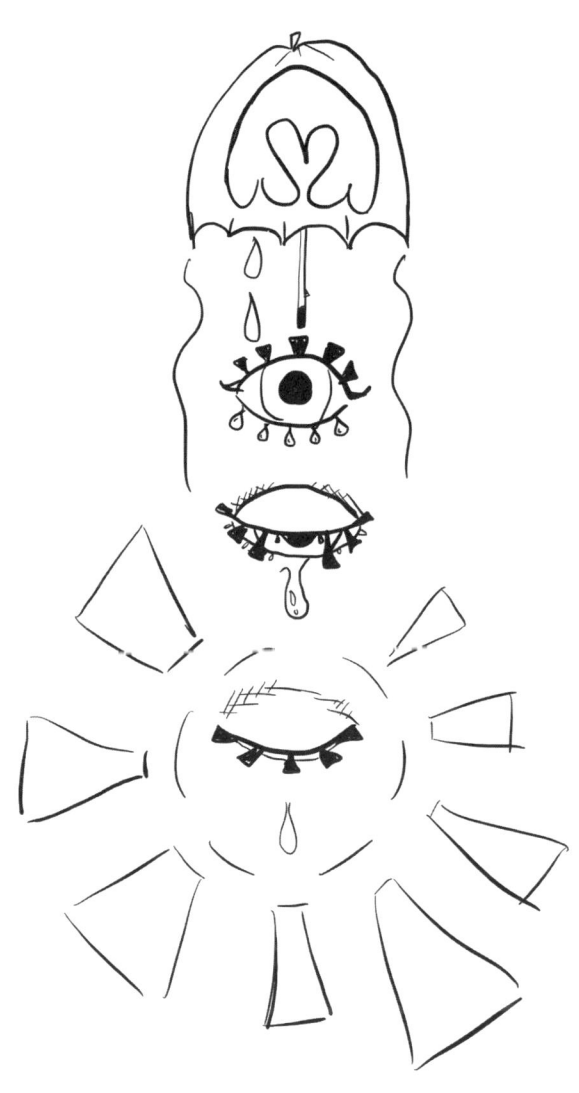

Ich dachte, ich komm nie von dir weg,
bin für immer gefangen.
Am Ende war's eine Kleinigkeit,
die mich endlich aus dieser Illusion,
aus diesem Fiebertraum, gerissen hat,
von dem ich dachte, er sei unser Märchen.
Manchmal fehlt nur noch eine Kleinigkeit,
die alles andere auch endlich sichtbar macht.
Ich dachte, ich werde dich für
i
m
m
e
r
romantisieren.

Aber ich bin endlich aufgewacht.

Der Gedanke, dass wir immer fremder
füreinander werden, hat mir immer Angst
gemacht. Jetzt finde ich ihn wunderschön.
Von Tag zu Tag hast du weniger Macht
über mich, und ich gewinne mehr von ihr
über mich selbst zurück.

*Diese Liebe verdient den Schmerz, der auf sie folgt.
Alles andere würde ihr nicht die Anerkennung schenken,
die ihr zusteht.*

aber ICH BIN unendlich müde von dieser LIEBE.

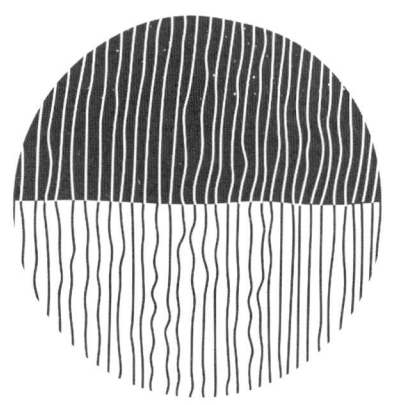

ICH MAG MICH
NICHT, WENN ICH
BEI DIR BIN.
UND DESHALB WILL
ICH NICHT MEHR
BEI DIR SEIN

FÜHLEN

Und ich schreibe diese Texte.
Von der Kunst, Gefühl zu zeigen.
Von der Überflutung des Erwachsenwerdens,
über Nostalgie, Herzschmerz,
Erwartungsdruck, Naivität.

ÜBERRASCHUNG!!!!

Du bist verletzlich.
Das macht dich zum Menschen.
Was du tust – ist fühlen.
Das verbindet dich mit anderen.
Fühlen heißt Verletzlichkeit.
Die Wahrheit ist nämlich **(UND AUCH DER GRUND, WARUM VIELE MENSCHEN TIEFE GEFÜHLE TABUISIEREN, VERHEIMLICHEN ODER UNTERDRÜCKEN),**
dass du verletzlich bist.
Aber wir Menschen wollen uns auch schützen.
Verletzlichkeit kann Angst machen,
aber Verletzlichkeit macht uns am Ende alle gleich.
Du darfst fühlen. Egal, wer du bist.
Und wenn du's zulässt – dann lebst du.

Ein Jahr

Ein Jahr lang musste ich andere verletzen,
um mich selbst wieder zusammenzusetzen.
Hab Narben verteilt, damit die, die du
hinterlassen hast, heilen.
Hab zu viel gefühlt und dann wieder nichts.
Ein Jahr habe ich gebraucht, um zu
verstehen, was falsch gelaufen ist.
Ein Jahr habe ich jede meiner Beziehungen
überanalysiert,
um endlich zu verstehen, dass ich nicht
der Fehler in unserer war.
Ein Jahr habe ich gebraucht, um über mich
hinwegzukommen,
über die Version von mir, die ich gewesen
bin, als du mich geliebt hast.
Und um zu verstehen, dass ich die, wenn
du mich nicht liebst, sogar mehr mag.
Ein Jahr habe ich gebraucht,
um Leichtigkeit wiederzufinden,
obwohl ich immer wieder dachte, sie für
immer verloren gehabt zu haben.
Ein Jahr habe ich gebraucht, um trotzdem
immer noch nicht über dich hinweg zu sein.

Aber über den Schmerz, den du verursachst.
Ich weiß nicht, was passiert, wenn du
wieder auftauchst.
Ich habe so viel Sicherheit gewonnen
und weiß es doch noch immer nicht.
Ein Jahr später kann ich immer noch
nicht einschätzen,
wie ich wirklich zu dir stehe.
Aber ich weiß jetzt, wie ich zu mir stehe.

**Drei Jahre nachdem ich mich verloren habe,
weil ich dich immer wieder verloren habe,
habe ich mich wieder gefunden.**

**Ich habe mich gefunden,
als ich dich verloren habe.**

Steckbrief

Name: Bekkaa

Spitzname: Bekki

Geburtstag:
15.04.2003

Hobbys:
Singen, Videos machen, schreiben, auf der Parkwiese mit Freund*innen sein

Das mag ich: Sommer

Das mag ich nicht:
In Frankfurt kennt jeder jeden (ich bin aus Frankfurt)

Lieblingsessen: Süßkartoffelpommes

Das möchte ich mal werden: Nie erwachsen, frei

Das kann ich besonders gut: zerdenken

Das möchte ich noch lernen:
Harmoniebedürftigkeit ablegen

Was ich dir noch sagen will:
Schätze die Fähigkeit zu fühlen wert. Jedes Gefühl macht dich echt.
Indem du ihnen Raum lässt, wertschätzt du dich selbst.
Und so wirst du immer weiter wachsen.